トクヴィル

アメリカにおける
デモクラシーについて

岩永健吉郎 訳

中央公論新社

目次

奇妙なリベラリズム?——無力な個人の生きる術　高山裕二　1
アメリカにおけるデモクラシーについて　1
序　3
第二部
第六章　アメリカの社会が民主政から引き出す真の利点は何か　23
「デモクラシーが支配的なアメリカにおける法制の一般的傾向と、それを適用する人々の本能とについて」　23
「合衆国における公共の精神について」　29
「合衆国における権利の観念について」　34
「合衆国における法に対する尊敬について」　38
「合衆国の政治全体にあまねく見られる政治活動、それが社会に及ぼす影響」　40

第七章　合衆国における多数（派）の万能と、その諸結果とについて　49
「アメリカにおいて、多数の万能はデモクラシーに本来ある立法と行政との不安定をいかに拡大するか」　53
「多数の圧制」　55
「多数の万能がアメリカの公務員の任意裁量に及ぼす影響」　59
「アメリカにおいて多数が思想に及ぼす影響力について」　60
「多数の圧制がアメリカ人の国民的性格に及ぼす影響、合衆国における廷臣的（追従の）精神について」　65
「アメリカ共和政の最大の危険は多数の万能に由来すること」　68
第八章　合衆国において多数の圧制を緩和するものについて　75
「行政的集中（制）の欠如」　75
「合衆国における法曹的精神について、また、それがいかにデモクラシーの平衡を保つに役立つか」　77
「政治制度として見た合衆国の陪審について」　88

第九章　合衆国において民主的共和政を維持する傾向をもつ諸要因について　103
「合衆国において民主的共和政の維持に貢献している偶然、天与の原因について」　104
「合衆国における民主的共和政の維持に及ぼす法制の影響について」　117
「合衆国における民主的共和政の維持に及ぼす習俗の影響について」　118
「政治的制度として考察した宗教について、いかにして宗教がアメリカにおいて民主的共和政の維持に強力に奉仕するか」　119
「信仰が合衆国の政治社会に及ぼす間接の影響」　124
「アメリカにおいて宗教を強力ならしめる主要な原因について」　130
「アメリカの人々の文明、慣習、および実地の経験が民主的諸制度の成功にいかに貢献しているか」　140
「合衆国における民主的共和政の維持に貢献しているのは、自然（の要因）よりも法制であり、さらに法制よりも習俗であるということ」　145

「アメリカ以外で、法制と習俗とが民主的な諸制度を維持するのに充分であるか」 151
「前述の所論がヨーロッパとの関連でもつ重要性」 155
結び 165
略年譜 175

奇妙なリベラリズム？――無力な個人の生きる術

髙山裕二

一　グローバル化時代に読む『デモクラシー』

アメリカの自然と人間

アレクシ・ド・トクヴィル（一八〇五～五九年）には、『アメリカ旅行記』という著作がある。かれ自身が出版を目的とせずに書いた旅行記は、未来の著書『アメリカにおけるデモクラシーについて』（『デモクラシー』と略す）を執筆するうえで不可欠の資料となる。その旅行記には、アメリカ合衆国の社会や政治制度、法制や習俗に関する所見、あるいは政治家や裁判官から聖職者や一般の人びとまで、さまざまな人びとへのインタヴューが含まれているが、そこには独立したエッセーが収録されている。「荒野の二週間」――トクヴィルがアメリカで未開の自然（野生

〈人〉の発見を企てた体験を綴ったエッセーだ。

「荒野の二週間」では、広大な自然と卑小な人間というテーマが繰り返される。トクヴィルは、新世界の壮大な自然を前にして「ある種の宗教的な畏怖」を覚えたという（VA 392）*。その筆致には、フランスのロマン主義時代を代表する作家でトクヴィルの縁戚でもあるフランソワ・ルネ・ド・シャトーブリアン（一七六八～一八四八年）の影響があることはよく知られるが、こうした対照の図式、あるいは壮大な存在を前にして人間が覚える孤独や無力の感覚は、後述するように、デモクラシーの分析のうちにも見いだすことができるだろう。

他方で、トクヴィルが見たアメリカの自然はシャトーブリアンのそれよりも文明の波に洗われていた。イギリス系アメリカ人（白人）は自然に畏怖を覚えるどころか、これを切り倒して前に進む。かれら開拓者が象徴するのは自然に対する人間の力であり、体現しているのは「文明化」だった。『アメリカ旅行記』に記されているのは、大自然を讃える過去や未来ではなく、自然や野生の生活が掠奪されつつある現在進行形のアメリカだ。『デモクラシー』でも悲しみを込めて綴られている。「しばしの間、私は自然の力と人間の無力とに静かに想いを馳せた」（DA I 327＝本書一一三頁）。

「アメリカにはただ一つの社会しかない」。地域間の貧富の差、商業中心か農業中心かという差はあるにせよ、同じ要素がいたるところに存在する。つまり、「同水準の文明」がアメリカ全土に行き渡りつつあり、生活様式をきわめて均質なものにしている（VA 365）。トクヴィルは人里離れた山奥でも、都市で見かけた新聞や情報、同じ価値観に遭遇して驚いたと素直に告白している。しかし、そこでかれはこの文明化に反発し、否定するわけではない。善悪はともかく、人間が抗うことのできない歴史のある種の必然を認め、そのなかで人間が個人としてどう生きていくべきかを考える。それは、社会的な問いであるとともに実存的な問いでもあった。

一八三二年三月、九ヶ月ほどの滞在を終えてフランスに帰国したトクヴィルは『デモクラシー』の執筆にとりかかる。三年後の三五年に第一巻が刊行される。その有名な序文の冒頭、著者はこう語り始める。「アメリカ合衆国に滞在中、新奇なことは多々あったが、諸条件の平等ほど私の注意をひいたものはない」（DA I 3＝三頁）。そして、ヨーロッパ史を振り返れば、「社会的な平等がしだいに進展してゆくのは神のみ業であり」、今後さらに世界中に広がるのは「摂理」である、と。「日ごとに人間の力ではいかんともしがたいものになっていく」歴史的趨勢を前に、トクヴィルは「宗教的ともいうべき畏怖の念」を覚えて本書を書いたと打ち明けている。

個人ではどうしようもない、ある種の必然であるこのデモクラシーと呼ばれる大きな歴史の流れ。ここで「諸条件の平等」と定義されたデモクラシーには、身分の同一化とともに、ヒトやモノの価値の「平準化」という意味が含意されている（本書の読者は、これを誤って経済的平等や政治体制と同一視して、序盤で躓かないように注意してほしい）。そう、これはトクヴィルがアメリカで発見したあの「文明化」を想起させる。民主化ないし文明化に個人がいくら抵抗しようとしても虚しく、この流れは止められない。しかし、そうだとしても、防波堤を築き、この流れの方向を変え、それによって無力な個人が押し流されないようにすることはできるはずだ！　この信念がトクヴィルに『デモクラシー』を書かせ、未来を望見させたのではないか。しかしなぜそれほど強い宗教的（！）信念で、この本を書かねばならなかったのか。そのことを知るには、当時のフランスでトクヴィルとその世代が共有した時代認識について確認しておく必要があるだろう。

＊『アメリカ旅行記』のテクストには、本書『アメリカにおけるデモクラシーについて』同様、プレイヤード版『トクヴィル全集』*Alexis de Tocqueville Œuvres*, Tome I-II, Bibliothèque de la Pléiade (Paris: Gallimard, 1991-02) を用い、それぞれ VA と DA I, II と略記する。『デモクラシー』の訳出には、本書および岩波文庫版（松本礼二訳、二〇〇五～八年）を用いたが、頁数はプレイヤード版に統一し本書の頁数だけを併記した。また、いずれも断りなく訳語を変更した箇所がある。

グローバル化の彼方に

アメリカ旅行前、ヴェルサイユ裁判所で働く一介の判事見習いにすぎなかったトクヴィルは身分が保証されず、社会と同様に自分の確かな未来を見通すことができなかった。その頃、身分制が解体されたフランス革命後の社会では、身分が保証されず〈何者〉でもない青年を中心に「世紀病」と呼ばれる憂鬱症候群が流行していた（レオ・ダムロッシュ『トクヴィルが見たアメリカ――現代デモクラシーの誕生』二〇一二年、第一章も参照）。トクヴィルも、〈何者〉かになろうという野心を抱いて、裁判所の友人ギュスターヴ・ド・ボーモンと共に、アメリカの刑務所制度の視察という名目で新世界に旅立ったのである。もちろん、貴族の名家に生まれたトクヴィルは、多くはブルジョアの家の生まれた同世代とまったく同じ意識を共有することはなかっただろう。普通に生活する道を選ぶこともできたはずだ。しかし、かれはそれを拒んだ。〈何者〉か（名のある存在）であることがかつて社会によって絶対的に保証された身分に生まれたがゆえに、それが保証されなくなった時代を生きざるをえなくなったことで、かえって〈何者〉でもないという意識が先鋭化されたと言うこともできる。

トクヴィルはジャクソン大統領時代（任期一八二九―三七年）のアメリカ合衆国を旅行し、デモクラシー（その政治原理としての人民主権）に秩序と繁栄は期待できると信じた。そして、革命とその後の政治動乱を経験したフランス国民に、それを伝えることを第一の課題とした。その一方で、かれ個人は、それが社会文化に与える影響、すなわち人を〈何者〉でもなくする平準化とその広範な影響により敏感だった（その傾向は『デモクラシー』第一巻の五年後に刊行された第二巻に顕著である）。それが、「奇妙なリベラリズム」（オバマの学生時代「お気に入りの教授」だったとされるロジャー・ボッシェのトクヴィル研究の著作名）と呼ばれるような思想を生んだ（ボッシェによれば、トクヴィルは代議制や言論の自由などを擁護する一方、同時代に出現したブルジョワ社会の病理をロマン主義世代として厳しく批判した点で、かれのリベラリズムは「奇妙」だった）。そして今、むしろ後者の点で、われわれがこの古典を読む意義が高まっているのではないか。

マルクスに代わってトクヴィルへ、とさえ言われることがある。確かに、マルクス主義が退潮する一方、諸外国からトクヴィル復活の声がしばらく前から聞こえるようになった。冷戦期アメリカ発の「トクヴィル・ルネサンス」のような西側陣営のイデオロギーの自己肯定ではなく、むしろ個人主義のような先進諸国の民主主義の病理を『デモクラシー』は鋭く予見していたという。あるいは、共産主義との対比で自己規定すればよかった自由主義諸国が、民主的な市民社会を再定義するためにトクヴィルが好んで用いられている。かれの結社論は、NGOやNPOからなる〈新しい公共〉の議論と親和的と考えられる。しかし、なぜ今マルクスに代わってトクヴィルなのか、それらは必ずしも説明していない。

社会の不平等はなくなっていない、むしろ現代社会において格差は再び広がりつつあると言われる（実際、マルクス復活の声も聞かれる）。そのなかで、平等化を論じたトクヴィルのデモクラシー論が注目される余地がどこにあるのか（『デモクラシー』には少数の富豪と新たな貴族制（アリストクラシー）の興味深い考察はあるが、きわめて限定的である）。それは、格差の事実そのものよりも、その質に関係があるのかもしれない。労働者階級と資本家階級の対立は当然、二つの階級が確固として存在していることが前提だが、今日の社会は二つの階級に分けられるほどその構造は単純ではない。貧富もすぐに変転する（地位が不安定な）、きわめて流動化した社会である。それでも、格差は厳然として存在し、再生産されているではないか、そう反問することはできる。しかし、同質な価値観が共有されることで、実際には大きな社会格差があるにもかかわらず、なんとなく〈平等の感覚〉が得られるようになったというのも確かだ。トクヴィルの言葉を使えば、「想像上の平等」が存在すると言ってもいい。ここに、トクヴィルの『デモクラシー』を今日読む意義の一片があるように思われる。

経済格差の現実とは無関係に、〈みな同じ〉だという感覚が精神のうちに滲透してゆく。そうした感覚が生じるのは民主的社会の必然だとしても、そうした意識の増殖は個人の存在と自由を脅かすおそれがある。そう信じる『デモクラシー』の著者は、その増殖のカラクリを浮かびあがらせる。例えば、価値の均質化が進むなか、それに対して人は〈自己〉に強く執着するが——後述するように、真に「個性」的たろうとするわけではない——、それがかえって社会の同質化ならびに同調化を助長するという「個人主義」の逆説。他方で、トクヴィルはデモクラシーのなかにその処方箋も見いだせると信じた。同質化を和らげるような「政治教育」である。それはむしろ〈自己〉のある種の限界を教えるようなものである必要があるという。そうでなければ、単なる「個人主義」の延長になりかねない。

このように、個人の存在や自由に対する脅威とそれへの対抗策を論じた『デモクラシー』は、個人の力を超えて価値の均質化が広がる世界にあって、人間が個人としてどう生きていくべきかを読者に考えさせる古典でもあるのではないか。とりわけ均質の価値観、生活スタイルが世界中に広がる「グローバル化」時代と呼ばれる今日、われわれがどう生きればよいかは、同じ進行形の民主化のなかでどう生きるかを考えたトクヴィルの問いと符合するところがあるように思われる。

このような問題関心のもとで、本稿では本書について少し断片的な紹介を試みたい（『デモクラシー』第一巻と第二巻ではテーマやスタイルに大きな相違があるが、ここでは特に言及しない。本書の位置づけおよびトクヴィル思想の解説は他の文献に譲る。本稿末尾に邦語文献の小案内を付すので、是非そちらを参照いただきたい）。以下では、民主的社会で価値の同質化圧力がかかる理由、逆に〈自己〉に執着する病について三つの側面から診断する。また、トクヴィルが提示した三つの「政治教育」という処方箋と、それとの関連で本書の宗教論の意味を従来とは少し違った視点も交えて紹介する。

二 〈自己〉という病——同質化の精神構造

①多数の圧制

民主的社会のなかで個人に対する同調化圧力となるのは「多数」である、トクヴィルがそう指摘したことはよく知られている（『デモクラシー』第一巻第二部七章「多数の圧制」）。確かに、「多数が絶対的な力を持つのは、民主政治のまさに本質である」。この事実を否定することはできない。問題は、その力がただ強いことではなく、抗しがたいほど強いことであるという。「私にもっとも厭わしいのは、そこに支配する極端な自由ではなく、圧制に対する保障がわずかしかない点である」（DA I 290＝五八頁）。多数に抗するものがなく、それが全能になれば、この上ない圧制《ティラニー》／暴政が出現する。

> 合衆国において個人や一党派が不正をこうむったら、誰に訴えよというのか。世論にか。世論は多数（派）の形成者である。立法府にか。これは多数を代表し、それに盲従するものである。執行権にか。これも多数によって任命され、それに奉仕する道具にすぎぬ。警察にか。警察は武装した多数者以外の何ものでもない。陪審にか。陪審とは判決の権利をもった多数者である。（同上）

ところで、トクヴィルが多数の支配とその危険を最初に知ったのはボストンで、ジャレッド・スパークスという人物からだった。アメリカ上陸後、最初にニューヨークで二ヶ月ほどを過ごし、その後、荒野をめぐる旅行（デトロイトを超えてヒューロン湖・ミシガン湖まで達する）を二ヶ月ほどで切り上げ、一八三一年九月ボストンに到着する。そこでトクヴィルは、ヨーロッパ的教養を備えた人物たちから多くの知見を提供されたが、スパークスは、この国では多数派が政治においてつねに正しく、少数派を抑圧しようとすることがあると教えた（前掲書『トクヴィルが見たアメリカ』第五章を参照）。かれが指摘したのは、政治における多数派の圧政だったが、トクヴィルはそれを社会における多数派の圧制／暴政にまで議論を敷衍した。それは、「アメリカにおいて多数者が思想に及ぼす影響力について」として論じられている。

アメリカでは、多数が思想にきびしい枠をはめている。その範囲内では、文筆にたずさわるものは自由であるが、あえてそれからはずれようとすると災難である。火あぶりの刑の恐れはないが、あらゆる種類の不快と、日々の迫害の的となる。政界での活躍の途は封じられる。それを開きうる唯一の権威を傷つけたからである。名声にいたるまで、すべてのものが拒まれる。その意見を公表するまでは味方がいると信じていたのに、すべての前に自己を明らかにしたいまでは、もはや味方はいないかに見える。非難する人々の声は高く、見解を同じくする人々は、それを公表する勇気に欠け、沈黙して遠ざかるからである。彼は譲歩し、そしてついには日々の圧力に身を屈し、あたかも真理を語ったのを悔いるかのように、沈黙にかえる。(DA I 293 = 六二頁)

こうして文明化は圧制/暴政を完璧にしたという。つまり、かつての暴君は物理的な力に訴えたが、文明化された暴政は精神にまで滲透するのである。民主政治の暴君(多数派)は、「私と同じ考えでないなら、死を与えよう」などとは言わない。個人あるいは少数派にこう語りかける。「お前が私と同じ考えでないのは自由だ。生命も財産もみな保障する。しかし、私に楯ついたその日からお前はわれわれのうちで異邦人だ。……お前はなお人間のなかに暮らすが、人としての権利を失うであろう。仲間に近づこうとしても、仲間は何かけがらわしいものかのように避けるだろう。無実を信じる人々でさえ、お前を見捨てるだろう」。そしてトクヴィルはこう断じる。「アメリカほど、自主独立の精神と真の言論の自由が少ない国を私は知らない」。これは、異邦人だからこそ得られた視点だったのだろう。

スパークスは『デモクラシー』刊行後、著者は誤解していると憤慨したが、トクヴィルによる広義の「多数の圧制」の指摘の正しさはアメリカの歴史が証明している。第二次世界大戦後の「マッカーシズム」を持ち出すまでもなく、二〇〇一年の九・一一「同時多発テロ」後の排外的ナショナリズムの記憶が新しい現代人にとって、なおさらそう感じられるだろう。

②「個人主義」の逆説

ここまで、多数（派）が個人に同調を強いるという、比較的よく知られた問題を確認してきたが、実はトクヴィル思想の独自性はその先にある。つまり、多数派／多数者によって強制されるのではなく、各人がみずから多数さらには「全体」に従うという現象である。トクヴィルはこれを「個人主義」の問題として剔出している。これは『デモクラシー』第二巻の考察で、アメリカでというよりはフランス帰国後の考察だった。

トクヴィルによれば、民主化された社会に暮らす人間は、身分制の解体と同時に伝統的な価値観や習俗の束縛から解放され、すべてのことを自分で判断できるようになる（『デモクラシー』の草稿では「知的個人主義」と定義されている)。しかし現実には、人間はすべてを自分の理性によって考え、判断を下せるわけではない。人間精神には限界があるからだ。しかし、この限界を認めない人間は、実際には自分で考えることなく、それにもかかわらず、自分で考えたように思えるような権威に依存しようとする。それが民主的社会では多数ないし〈全体〉である。というのも、ヒトが平準化した世界では知性にそれほど相違はなく、人は多数の側に真理があると思えるが、同等の者が思い付くような意見は自分の意見に等しいと考えられるからだ。こうして、人はみずから多数あるいは全体に従うことになる。

マスを信じる気分が増大し、世論がますます世の中を導くようになる。……平等の時代には人はみな同じだから、お互いに誰かを信用するということが決してない。だが、みな同じだからこそ、人びとは公衆の判断にほとんど無限の信用を置くことになる(DA II 521)。

世論は多数者を預言者とする「一種の宗教」になるという。人は自分から世論を信じてしまうのである。他人に強制されていないからこそ、自分で考えずにただマスを盲従しているにもかかわらず、自分で判断したと思い続けることができる。『デモクラシー』の草稿では多数とともに「全体」という言葉が併せて使われているが、〈みな同じ〉だからという理由で、自己を全体にまで同心円的に拡張する論理は、民主的時代の個人が人民や群衆、社会や人類といった全体を信じる傾向の分析として、『デモクラシー』中で議論が展開されている（そこには同時代独仏の知的傾向の反響がある点は、『トクヴィルの憂鬱——フランス・ロマン主義と〈世代〉の誕生』二〇一二年、第五章で論じた）。こうした世論、そして全体へのある種の信仰は、前述のような「多数（者）の圧制」とは異なる議論の次元を持っている。

トクヴィルは、「個人主義」は最近生まれた言葉であると言って、こう定義している。「思慮深い穏やかな感情であるが、市民を同胞全体から孤立させ、家族と友人と共に片隅に閉じこもる気にさせる感情である」（DA II 612）。この種の感情を持つ人は、「自分の運命はまるごと自分の手の中にある」と思いがちだが、実際はこの人の知らないところで己も必ず影響を受ける社会のことが決められて行っていることに気づかない（「積極的自由」の放棄）。しかしより深刻なのは、私的世界にこもって自律していると思っているかれらが、知らぬうちに全体の共通の意見を述べてしまっているという矛盾である。トクヴィルは鋭く指摘する。

> 権利、教育、財産において平等な人びと、一言で言えば似通った境遇にある人びとは、必然的にあまり変わるところのない欲求、習慣、趣味を持つ。かれらは対象を同じ側面から見るので、精神は自然と同じ考えに傾き、各自が同時代人から距離をとり、自分の信念が持てるとしても、結局は全員が、それと知らず、それと願わぬうちに、幾つかの共通の意見のなかにあることになる（DA II 776）［強調高山］。

こうして、人は独自に考え感じていると思いながら全体の意見に従ってしまう、これが個人主義の逆説である。そして、みずから知らぬうちに（！）全体に一度従ってしまえば、仮にそのことに気づいたとしても、全体の意見がすでに個人を包み抑え込んでおり、そこから抜け出すのは難しい。「すべての人間が似たものになればなるほど、各人は全体を前にして自分がますます非力に感じる」［強調高山］。そもそも、民主的時代には、人は一度意見を持つと変えられないという、言論の自由のパラドックスとも言うべき問題もある。トクヴィルによれば、イギリスのように思想言論の自由が大きな国ほど、根強い偏見が見られるという。そのように人が自分の意見に執着するのは、自分で選んだ（と思える）意見だからにほかならない（DA I 210）。平準化された人間ほど、「自分に固有のもの」に執着する性向を持つというわけだが、それゆえに、かれらが全体の意見を自分の意見と思い込んでいるうちは意見を変えるのは難しい。かれらが〈自己〉に固執しながら、実際には他人と同じかそれほど変わらない意見を述べてしまっていることには、大いなるパラドックスがある。

付言すれば、情報がただ多くなることは、この実状を改める手段にはならないこともトクヴィルは指摘している。つまり、「情報が過剰に公開されることから生じる無知というものがある」（DA II 738）。これは情報技術が発達した現代によりよく当てはまるかもしれない。つまり、民主的国家のもとではありとあらゆることが言われるため、かえって一つ一つを細かく吟味する習慣が失われる。また、次節で述べるように、この社会では人びとが経済活動に忙しく時間がないため、やがて「深く追及する気」が失われることになる。こうして、人と同様その意見は大勢のなかに埋もれて見えなくなってゆくおそれがある。しかし先ほどの指摘と重ね合わせれば、それでも人は自律していると思えてしまう。

③差異の不安：ルソーからトクヴィルへ

民主的社会において、人間の思考は似てくるとしても、各人はその日常生活においてオリジナルであろうとするのではないか。実際、かれらの経済活動に対する情熱は激しく、結果的に人びとの生活には大きな格差が生じてくる。『デモクラシー』の著者は、アメリカに到着して数日後、市民の経済的情熱の激しさに瞠目した。この国の人間を動かしているのは「致富心」で、政治的関心は表面的なものであると、手帳に書き残している（VA 230）。しかし、幸福そうな人びとの表情にもどこか「奇妙な動揺」が観取されるという。「娯楽に耽っているときでも重々しく、ほとんど悲しそう」に見える光景はなんとも異様である、『デモクラシー』にはそう書かれてある。かれらはまだ手にしていない財のことで頭がいっぱいになり、ようやく富を手にしても、それで楽しむゆとりがない。「ついに死が訪れてかれを止めるまで、つねに逃げてゆく完全な至福を求めて、この無駄な追求を続ける」（DA II 648-9）。というのも、手にはいりそうではいらないものほど人間の心の焦燥を駆り立てるものはなく、それをいつでも失いうるという可能性がまたかれらの心の不安を掻き立てるからだ（この種の人間観察には『デモクラシー』執筆中に著者が対話を繰り返したパスカルの影が見え隠れする）。こうして膨らむ欲望とその充足感のあいだに落差が生じる原因は、『デモクラシー』の著者によれば、平等にある。少し長いが、重要な箇所――後のデュルケム『自殺論』（一八九七年）も想起させる――なので引用しておこう（DA II 650）。

> 平等は、市民それぞれに大きな期待を抱かせるが、その同じ平等がすべての市民を個人としては無力にする。……自分自身が無力なだけでなく、かれらは初めは気づかなかった巨大な障害に絶えず出会う。／同胞の幾人かが持っていた迷惑な特権を破壊したが、今度は万人の競争になる。制約の場所というより形態が変わったのである。人間がほとんど似たものになって同じ道を通るとき、足を早めて、周りにひしめく画一的な大衆から一人抜きんでることは誰にとってもきわめて難しい。／平等から生まれる本能とそれが提供する充足手段とはこうしてつねに矛盾し、それが人の心を苦しませ、疲れさせる。

しかしトクヴィルによれば、問題は人びとが物質的な「豊かさ」を求めることではない。それは人間にとって自然であり、最大多数の最大幸福を目指すのは民主的社会の利点でさえある。問題は、もっぱら物質的幸福を求めることに没頭することで――トクヴィルはこれを「一種実直な物質主義」と呼んでいる（第二巻第二部十二章）――、自分で豊かさを測るモノサシを見失い、むしろ本来の意味では幸福でなくなることにある。事実、近代社会では自殺数や精神異常は増加しているとトクヴィルは証言している（この時代に「精神医学」が誕生することも覚えておきたい）。それは、かれと同世代の作家バルザックの著作、例えば『あら皮』（一八三一年）を思い出させる。その主人公の青年は、当時生まれたブルジョア社会で欲望を満たそうと立身出世を目指すが、その欲望が結局は充足されることなく、憔悴してセーヌ川に身を投げようとするのだった。

当面の問題は、モノがいくらあっても人間の精神的幸福は充たされないといったことではない。それとは別に、モノをめぐって競争する平等化＝平準化された人間同士が、独自なモノサシを持たず、あるいは持っていると思いながら自分の幸福を他人の幸福と比べることでしか測れないところに問題の所在がある（前掲書『トクヴィルの憂鬱』第三章を参照）。

そもそも、一見オリジナルであろうと脅迫されたかのように競争する人間は、本当に他者との差異を求めて行動しているのだろうか。いや、むしろ差異への不安によって行動しているのではないか。トクヴィルによれば、万人の競争をもたらすのは平等とその情念だった。民主的社会では、平等の情熱は熱烈で、初めは「自由のなかに平等を求めても、得られないと、隷属のなかにもそれを求める」。そのかれらが財を求めるのは、自分より多く持つ者を羨望し、自分もより多く持ちたいという思いに苛まれるためである。「不平等が社会の共通の法であるとき、最大の不平等も人の目にはいらない。すべてがほとんど平準化するとき、最小の不平等に人は傷つく」。貴族的社会では生まれによって差異が社会的に保証され、それが「個性 individualité」として重視されていたのに対して（DA II 801n）、平準化された社会ではそうした差異が特権として否定される一方、平等の欲求が昂進し、嫉妬の情念が発達することになる。だが、その欲求が完全に充足されることは永遠にない。

ところで、こうした〈比較〉の病を最初に告発したのはジャン＝ジャック・ルソー『人間不平等起源論』（一七五五年）である。ルソーは自己のうちではなく、他人のうちに幸福を求めることの不幸を説いた。というのも、ジュネーヴ市民によれば、文明社会の人間は自分を人と比較することに目覚め（妬みの感情が発達し）、財産や能力を持っているふりをすることが必要になったからである。「すなわち自分の利益のためには、実際の状態とは違った自己を示す必要があったのである。存在と外観とはまったく異なった二つのものとなった」（小林善彦訳）。こうした存在と外観の分離については、『デモクラシー』にも次のような記述がある。「あらゆる階級が混じり合うと、誰もが現実の自分と違う外見を装うことができると思い、それに成功しようと多大な努力を傾ける」（DA II 562）。ただ、トクヴィルによれば、デモクラシーが生んだのはこの分離それ自体ではなく、それを極化するモノをめぐる万人の競争だった（トクヴィルはその分離が自明となった革命後を生きていたと言える）。

他人と比較することで幸福を求めながら不幸になる――。ルソーが発見した「文明」の病因を、トクヴィルは――ルソーが批判した文明化によって増大する経済的な不平等ではなく、広がる想像上の――「平等」に求めた。その観察に一定の相同性が指摘できるとしても、この病の対処法はトクヴィルにとっては人間の自然な内面に返ることではなかった。仮に個人が自足した存在であろうと内面に退却したとしても、非常に同質的な競争社会が生まれてしまうのだから。また、すでに見たように、そうした自然はすでに文明の波に洗われていた、少なくともそういう強い感覚をトクヴィルは持っていたのである。

小括

トクヴィルが『デモクラシー』で繰り返すのは、身分制から解放された人間は独立しているが個人としては無力だということ、その一方で、社会やマスといった〈全体〉の存在感《プレゼンス》はますます大きくなり個人を圧倒すること、この対照《コントラスト》である。そこで、人間が弱いことが問題なのではなかった。なぜなら、人間が個人として弱いのは自然で、それを思い知らされるのがこの民主的時代だからだ。問題は、己の限界に対して真に自覚がないこと、そのために自分ですべてを考え感じていると思い込むことで、かえってそのすべてではないとしても多くを多数あるいは全体に委ねてしまうことにあった。結果的に、全体のなかに埋没することで、個人の存在とその自由は脅かされるおそれがある。こうした立論には、トクヴィルの人間観、その有限性に対する強い感覚が反映されていることにも注意を喚起しておきたい（宗教観については後で若干触れる）。

平準化すればするほど、〈自己〉に執着しようとする人間。かれはその限界を自然に認めることは難しいかもしれない。そうだとすれば、人はその等身大の自己――「やればできるのだけど……」といった諦念ではなく（過度の謙遜ないし卑下はトクヴィルによればむしろ民主的な悪徳である)、そもそも己に限界があるという事実――をどうしたら認められるようになるだろうか。これに対するトクヴィルの処方箋は「政治教育」だった。

三　政治教育の場――アメリカのデモクラシーの表裏

①地域共同体と〈祖国愛〉

トクヴィルは、デモクラシーの平準化によって個人の存在が脅かされることに警鐘を鳴らした。それでは、どうすればいいのか。われわれは多数あるいは全体の動向に対して、自分で考え判断するようにすればいい、とはもはや単純には考えられない。個人主義の悪循環に陥ってしまうからだ。この意味で、トクヴィルはもともと(近代リベラリズム一般のように)強い個人の存在を想定してはいない。むしろ、人間は本来弱く限界のある存在である、にもかかわらず、この事実を認めず自律していると思い込むことで、結果的にしばしば自覚なしに他人に依存してしまう。他人に依存すること自体が問題なのではない。多くの人が、そのことに自覚がなく、ある一つの方向に突き進んでいくことに危うさがある。

繰り返すが、トクヴィルによれば、民主的社会における人間は何か動かしがたいものを前にして個人では無力である。人間は例外なく弱い、この事実から出発する必要がある。そして自己の限界を知ることが、かえってその自由を守る道である!　この逆説的なリベラリズムの構想は奇妙だろうか？　そう断定する前に、トクヴィルがアメリカで発見したその処方箋を見てみよう。それは、かれが民主政治の「学校」と呼ぶ地域共同体、結社活動、陪審制度、である。もっとも、それらは「デモクラシー」を同質化の方に向かわせる面とそれを避けるように導く面を併せ持つ場であることに注意しなければならない。

地域共同体は、トクヴィルがアメリカのデモクラシーとして利点をもっとも評価した要素としてよく知られる。かれは書いている。「自由な人民の力は、地域共同体（la commune）のなかにこそ存在する。地域共同体の諸制度が自由にとって持つ意味は、学問に対して小学校が持つ意味に相当する」（DA I 65）。地域共同体は、市民が自由を学び、これを維持するために不可欠な場である。しかし、公共の問題は自分には関わりがないとしばしば考えるような国もあることを紹介しながら、これと対比することでアメリカの長所を強調する。

法律によって与えられた参政権を住民がいやいやながらとしか見えない態度で受けとる国々もある。公共の問題に関わるのは自分の時間を奪われるかのように見えるのである。そして、狭い利己主義の中に閉じこもり、四周に溝《みぞ》や垣をめぐらせて自己の領域を明確にするのを好む（DA I 279 = 四三頁）。

この狭い利己主義を超えることこそ、アメリカにおける地域共同体の役割である。確かに、人民の公共問題の処理は行政に比べて稚拙で、かれらが良い政治家を選ぶと考えるのは幻想にすぎない、そうトクヴィルは断じる。しかし、公共の問題に関わることで、人民の「思考の領域は必ずひろがり、精神は日常茶飯のことから離れるようになる。平凡な一市民も社会の統治に参加を求められると、己にある程度自信をもつ」。こうして、地域自治への市民の参加が、政治それ自体を良くするかどうかはともかく、人民ひとり一人が、自己の外に出て、思考を拡大する点が重要視されている。それゆえ、とにかく政治に関心を持てばいいという問題ではない。精神、思考が開かれるよう公共への関心のありようが肝心なのだ。それが、他者を自己の手段（障害）と見る「羨望の念」に代えて、対等な人格ある存在と見る「権利の観念」を教えることになる（DA 1 361 = 一五四頁）。

この点で、トクヴィルにとって「公共の精神」と理性は矛盾しない。地域共同体の重視ということ、それを本能的な（損得抜きの）愛国心と結びつけようとする人びとがいる。なるほど、『デモクラシー』の著者はニュー・イングランドのタウンで「一種の信仰」と考えられるような祖国愛に感心したが、そうした共同体主義は民主化する社会においては――革命後のフランスや文明化の最前線であるアメリカの西部を念頭に置きながら――過去のものにならざるをえないと言明している。今求められるのは、「合理的な祖国愛」である、と。もっとも、それが――その土地と習慣に根ざさず――利害だけに基づくならば信用できないとも語っている（トクヴィル自身の祖国愛が合理的であったかどうかはさしあたり別問題である）。このように「公共の精神」は、「狭く愚かな利己主義」から抜け出すようなものでなければならないとトクヴィルは考えたが、果たして今日声高に叫ばれるような〈公共〉や「コミュニティ」はどうだろうか。

②結社活動と「仲間集団」

地域共同体とともに、アメリカのデモクラシーを支えているのは結社だと考えられた。なるほど、身分制のある社会であれば、大きな富と力を有する個人、集団が存在し、自分たちで大事をなすことができる。「ところが、民主的な国民においては、どの市民も独立しているが弱い。一人ではほとんど何かをなすことができず、誰一人として同等の市民を強制して自分に協力させることはできないだろう。したがって、かれらは自由に助け合う術を学ばぬかぎり、全員が無力に陥る」(DA II 622)。トクヴィルは、アメリカで政治的結社以上に市民的結社の数と力の大きさに瞠目した。商業、教育、宗教、あらゆる目的で結社、集団が結成される。そうすることで、一人では無力な個人が集まって大事をなすことができるのである。政府にすべてを任せ、事業をなすのは行政だけになると、自由を放棄することになる。他方でトクヴィルが、結社が人間の精神と知性に及ぼす影響に注目していることに留意すべきである。「感情と思想があらたまり、心が広がり、人間精神が発展するのは、すべて人間同士の相互行為によってのみ起こる」(DA II 623)。結社を作ることで、人は精神を自己の外に開くことができる。それは、みずからの判断を放棄することではなく（トクヴィルによれば、当時ヨーロッパの結社は内部でそういう「圧制」が支配していた）、むしろ限定することで理性を活用するようなものでなければならない（DA I 220）。

またトクヴィルは、結社と新聞には必然の関係があるという。なぜなら、相互行為には他者に訴えかける（特に当時はそういう役割を果たしていた）新聞メディアが必要になるからだ。トクヴィルは強調する。「境遇が平等になればなるほど、人間個人の力は弱くなり、かれらは大衆の流れのなかに安易に身を任せ、大衆の捨てた意見に単独で固執することはいよいよ難しくなる」（DA II 629）。それゆえ、民主的社会ほど新聞の力が必要になる。

とはいえ、結社・集団を作ればそれでいいというわけではない。トクヴィルの結社論は現代社会でもしばしば参照されるが、あまり注目されないのは、ある種の結社の増殖をトクヴィルが懸念していたことである。トクヴィルはそれを「小さな私的結社」とも呼んでいるが、要するに、境遇や習慣、趣味、価値観の類似性で結ばれた「仲間集団」ばかりが増える可能性について言及している。これも一つの〈個性〉と映るかもしれない。実際、これは市民が似通ってくる民主的社会のなかで、「全員が一つの共通の塊《マス》に溶け込んでしまう可能性」を恐れて、無数に作られる結社であるとされる（DA II 731）。こうした事態は避けられないと明言するトクヴィルが懸念したのは、そうした同質性の高い結社は自己の延長にすぎず、個人主義の逆説から抜け出るものではないという点にあったように思われる。それは、同調・同質化圧力を強めこそすれ、弱めるものではないのだから。果たして、われわれは『デモクラシー』の著者の懸念は杞憂だったと言えるだろうか。

③陪審制度と《法》の権威

周知のように、トクヴィルがアメリカのデモクラシーを評価したのは、合衆国では地域自治や結社活動のような人民の統治が実践されていると同時に、これを抑えることもある司法権の独立が確立されていたことにあった。確かに、デモクラシーにおいては、選挙によって選ばれた人びととその機関に権力が集中する傾向がある。選ばれた政治家はすべてを委ねられたと思い、暴走する可能性もある。そして、立法は行政の内部に踏み込んでゆく。これに対して、有権者の権利を害することなく、その歯止めとなりうるのは司法だとトクヴィルは主張する。

どんなによく注意していても、選挙で選ばれた権力は司法権に服さないかぎり、遅かれ早かれすべての統制を免れるか、そうでなければ破壊される。……それゆえ、政治世界における司法権の拡大は、選挙で選ばれた権力の拡大と相関関係になければならない（DA I 81-2)。

ここでトクヴィルは、米国の大統領制（役人の公選制）を前提に論じているが、当時のアメリカ大統領あるいは行政部の力は今に比べればはるかに弱く、行政の集権が現実には存在していないとかれは判断した（むしろフランス帰国後、トクヴィルは行政の集権の可能性を危惧し、民主的専制として『デモクラシー』第二巻最後の第四部で論じているが、それについては別稿「行政の専制」（近刊）で紹介した)。そのこととならんで、アメリカで多数派の圧制を和らげているのが、法曹精神、法律家の権威の存在だった。それは「民主政治の逸脱に対する最大の防壁」になるという。「おそらく法律家こそ、いまや生まれ出ようとしている政治社会において第一級の役割を果たすべく期待されている」。その理由はこうだ。

法律を専門に学んだ人々は、勉強しているうちに、秩序を重んずる習慣、形式を好む一定の性向、論理の一貫性に対する一種の本能的な愛着を身につけるものである。これらが自然とかれらを革命精神とデモクラシーの向こう見ずな情熱に反対させるのである（DA I 302-3＝七八頁）。

形式（手続き）を重視する法と法律家は、ときに情熱に任せて暴走する民主政治に歯止めをかけるのである。アメリカの連邦の繁栄と平和、存在そのものが最高裁判事の手中にあるともトクヴィルは言い切る。彼らに訴えることで、「保守の精神を民主主義の気紛れに対抗させる」ことが可能になるからだという（DA I 168）。だからといって、法律家は民主政治、その原理である人民主権に反対するわけではない。「こうして法律家は民主政を好むが、その趣向を分かちもせず、弱点を模倣もしない。これこそ、法律家が民主主義によって力を得て、しかも民主主義に対して力を振るう二重の原因である」（DA I 305＝八二頁）。かれらは「一種の特権的階層」を形成するが、すべてを自分で考え導き出せると考えるわけではない。むしろ、これまで歴史的に積み重ねられてきた判例を前にして独自の判断を放棄する、そしてこのことが、法ならびに法律家とその判断の権威を高め、「人民をなだめ、引き止める」ことが可能になる。

これに対して、むしろ人民の統治原理を司法の領域に押し広げる制度、いわゆる「一つの政治制度」としてトクヴィルが評価した陪審制度はどうか。それは、前述のような司法権の独立や法律家の権威と背反する関係にあるのだろうか。

トクヴィルは、「人民主権の教義《ドグマ》の直接で極端な一つの結果」として陪審制を評価する。なぜなら、「社会に対して果たすべき義務があるとすべての人に感じさせ、また政治に参加しているとも実感させる」（DA I 315＝九三頁）からだ。陪審制は、訴訟の当事者の役に立つかどうかは分からないが、裁く者には裨益するところが大きい。トクヴィルは言う。「陪審は、人民の判断力を形成し、理解力を拡充するのに信じがたいほど貢献する。私の見解によれば、この点にこそ最大の長所がある。無料で常時開設の学校」とみなすべきである。この場においても、人は自分とは異なる人や事件に接し、その精神を開き判断力を養うことが可能である。

とはいえ、市民は陪審員として裁判に参加し、ただ統治者としての意識を強くすればいいというわけではない。『デモクラシー』の著者が、人民主権の「極端な一つの結果」を評価する理由はほかにもある。それは市民を法の習慣、その形式（手続き）に慣れさせることだ。特にそれは、身近でありながら判断が難しい民事の訴訟において可能だという。なぜなら、陪審員の前に現れる裁判官は、（刑事の訴訟）より判断の難しい訴訟においてこそ、その知識の広さで市民を圧倒し信頼を得て、尊敬を集めるからだ。つまり、（特に民事）陪審制度は法やその形式と法律家の権威を高めるのである。この民主政治の「学校」は、人民の統治を司法にも押し広げ、なんでも決められるという感覚を養うどころか、みずから判断する能力を養う一方、時には己の判断を留保することを学ぶ場でもあることが見落とされてはならない。この両面に注意することで、初めて陪審制度は他の二つの「学校」とともに個人主義の逆説の処方箋となりうる。

小括：脱「市民宗教」！

最後に小括に代えて、『デモクラシー』の宗教観について簡単に触れておきたい。トクヴィルにおける宗教はしばしば注目されるが、特に体系的な理解が難しいテーマである。それはトクヴィルが、宗教それ自体よりも歴史的社会の変数としての宗教に注目しながら他の種々のテーマとの関連で宗教を論じるその仕方にも原因がある。残りの限られた紙幅で、『デモクラシー』に現れるトクヴィルの宗教観、いわゆる「市民宗教（civil religion）」とは異なる次元を急いで紹介することで、政治教育論にも通底する人間観を再確認しておきたい。

『デモクラシー』と言えば、まず最初にアメリカにおける宗教の影響力、政教分離（一義的には国家と教会の分離）を前提にしたうえで政治社会に大きな影響を及ぼす「市民宗教」について論じたテクストとして度々紹介される。確かに、トクヴィルはアメリカの宗教（キリスト教）が自由を侵害していない第一の条件は政教分離にあることを強調したうえで、その政治への「間接的」影響に注目した（第一巻第二部九章）。アメリカ合衆国には宗派が数多くあるが、人間相互の義務については見解の一致があるという。

各宗派《セクト》は、それぞれの仕方で神を崇めるが、神のみ名において同一の道徳を説く。個人としての人間に、各自の宗教が真実であることは意義が大きいとしても、社会にとっては問題にならない。社会は来世を恐れもしなければ、来世に望みもかけない。社会にとってもっとも重要なのは、すべての構成員が真の宗教を奉ずることではなく、一つの宗教をもてばよいのである（DA I 336 ＝ 一二四頁）。

この箇所は、社会秩序のためには宗教道徳がとにかく一つあることが重要で、各自が本当に信じているかどうかはそのかぎりで問題ではないという、ヴォルテールあるいはもっと遡ればマキアヴェッリからロベスピエールに至るプラグマティックな「市民宗教」の系譜を思い出させる。しかしトクヴィルにとって、宗教は（神の存在や人間同士の一般的関係を規定することで）道徳の世界に安定性を与えるものであるとはされるが、社会秩序のためにただ公共の道徳として上ないし外から教え込まれるようなものであるよりは——「公共の精神」は教え込まれるようなものではなかった——、人間個人がその精神の限界を感じることで求めるようになるものだった。議論のニュアンスが異なるのだ。そもそも、『デモクラシー』の著者にとって宗教は人間が本来持つはずの欲求に基づくものだった。

この世の喜びは不完全で、人間の心を決して満足させることはなかろう。万物のうち人間だけが、生に対する本然の嫌悪と生きたいという大きな欲望とをもつ。人生を軽視するとともに虚無を恐れるのだ。この相異なる本能が人間の魂に絶えず来世を考えさせる。そこに導くのが宗教である。だから宗教は、希望の特殊な形式にすぎず、希望そのものと同様に、人間の心に本然のものである（DA I 343＝一三三頁）。

無限、不死への欲求は人間の本性であり、人間にとって不信仰は偶然で、信仰を持つのが自然である。自分では充たしえぬ欲求があるからこそ不完全だからこそ、人間は自然に信仰を持つはずだという。だが今日、懐疑が根強く存在し（自分で充たしえぬものがあるとは認められない？）、多くの人が不信仰に陥っている。こう診断するトクヴィルは、人間の不完全性を説くようにして宗教の必要を論じる。わたしは「人間の観点」からしか信仰について語れないと断りつつ――人の心に信仰を授けることはできない――、信仰の必要を理性に訴えるのである。すなわち、人間が自分の理性にとってその限界を認めることがいかに有益かを説く（第二巻第一部五章）。パスカルに影響された宗教のこの論じ方にこそ、啓蒙主義者《フィロゾーフ》の宗教論とは異なるニュアンスを『デモクラシー』の宗教論に生んでいる。

形式、礼拝はさまざまだが、人間精神の限界のために宗教は存在する。既成の宗教、例えばアメリカのキリスト教が今日そうした自覚を促しているか、促しうるのかはここで議論する問題ではない。ここで確認しておきたいのは、「自由であるためには信仰が必要だ」とまで言って『デモクラシー』の著書が宗教にこだわり続けた理由である。それは人間の有限性と、それを自覚することがこの時代にこそ必要だという強い認識があったからではないか。そうした役割を民主的社会では直截的に果たしえないとされる宗教が、本書では、政治教育論の行方を照らす灯台のような存在感を放っている。トクヴィルが、同時代人に「ある種の政治的パスカル」（F・メロニオ）と映った所以である。

四　結びに代えて——奇妙なリベラリズム？

以上、トクヴィルの『デモクラシー』を拾い読みしてきた。そして、民主化する社会で同質化圧力が高まるカラクリと、そのなかで無力な個人がその存在と自由を保守して生きる術《すべ》ともいうべきリベラリズムについて瞥見してきたが、それはやはり奇妙だろうか。特に宗教については政教分離を超えて論じることを抑制する近代リベラルの側から見れば、奇妙なのだろう——トクヴィル自身、自分の自由主義は「新種」という認識を持っていた。とはいえ、今日の政治・社会の問題が人間の実存（精神）にまで深く及ぶ複雑なものになるにつれて（自律した近代的個人モデルへの不信!〉、そのリベラリズムはある意味で奇妙でなくなっているのかもしれない。しかも現代は個人の力ではどうにもならないような社会の体制／大勢《システム》（としか表現できないようなもの）が、トクヴィルの時代よりもはるかに強大になっている。半世紀ほど前、政治思想家のハンナ・アーレントが『人間の条件』（一九五八年）を、テクノロジーの進歩とオートメーションの出現から書き始めたのは印象的である。人間は条件づけられた（有限な）存在であることをみずから忘却しようとする。その結果、個人の存在を脅かす「システム」を現出させるという逆説。それの生成過程を、経済的物理的環境よりは平等化のもたらす精神的側面に注目して描き出したのが『デモクラシー』だったと言うことができる。

大きくなる「システム」を前にして、人間はますます代替可能な存在に思え、無力をより感じうるようになっている。しかし、そうなればなるほど、逆に〈個性〉を発揮することが強要されているかのように思い詰めながらわれわれは生きている。しかし内実は、大きな容器のなかで差異を争うきわめて同質的な世界が今生まれようとしているのかもしれない。『デモクラシー』の著者はその時代にすでにこう述べていた（第一巻「結び」（一七〇頁）の諸国民の同質化の指摘も参照）。

私がアメリカについて言うことはさらに現代のほとんどすべての人に当てはまる。人類のなかの多様性は消えつつある。同じ行動様式、同じ考え方や感じ方が世界の隅々に見いだされる（DA II 744）。

「グローバル化」する社会において個人が国家がより大きく、より強く、そしてより豊かになろうと競い合い、その実、そう見えるように虚勢をはろうとするなかで、個人の存在が脅かされ多様性は消えてゆく矛盾。そんな世界では、ルソーが訴えたように、人は己の内面に問いかけることも時には大切なのだろう。だが、「民主的」時代ではその内面の声からしてすでにオリジナルではない。その限界を知ることから始めなければならない。求められるのは、自分個人の弱さを自覚したうえで強くあろうとする——だからこそ自己の外に向かう——「やせ我慢した個人」（樋口陽一『個人と国家』二〇〇〇年）なのかもしれない。

『デモクラシー』は、社会の大きな流れのなかで押し流されそうな弱い人間が、個人として、この世界に存在し続けるためのヒントを与えてくれる、そんな古典でもある。

［邦語文献小案内］

国内でも、すでに多くのトクヴィル関連書籍が出版されているが、ここではその一部を紹介する。まずは、本書に続いて全訳の岩波文庫版（二〇〇五〜八年）を読んだ後、トクヴィルの思想とその現代的意味について知りたくなった読者には、宇野重規『トクヴィル　平等と不平等の理論家』（講談社選書メチエ、二〇〇七年）を一読することをお薦めする。入門書としては、少々ハードルが高いかもしれないが、小山勉『トクヴィル――民主主義の三つの学校』（ちくま学芸文庫、二〇〇六年）、富永茂樹『トクヴィル――現代へのまなざし』（岩波新書、二〇一〇年）がある。海外の文献では、ラリー・シーデントップ『トクヴィル』（野田裕久訳、晃洋書房、二〇〇七年）が英語圏の入門書として定評がある。トクヴィル研究史を知りたい向きには、松本礼二『トクヴィル研究』（東京大学出版会、一九九一年）が必読文献である。また、トクヴィルの「奇妙なリベラリズム」について興味を持った方には、拙著『トクヴィルの憂鬱』（白水社、二〇一二年）を手に取って頂ければと思う。

（政治思想研究者／明治大学）

凡　例

一、本書は小社刊バックス版『世界の名著　40』「フランクリン　ジェファソン　マディソン他　トクヴィル」(責任編集　松本重治、一九八〇年刊)をもとに編集した。

一、原著の注には、該当ページの下欄にあるものと、巻末に一括されているものとがあるが、本訳では、一括して各章末に〔　〕で掲げた。その場合、ページ下欄の原注を先に掲げた。訳注は（　）で示した。

一、原文中のイタリック体には傍点を付し、原文中の括弧は〔　〕、訳文の文意を補うための補訳は（　）で示した。原文中の対話体、引用および大文字体には「　」を付した。書名には『　』が付されている。

アメリカにおける デモクラシーについて

『アメリカにおけるデモクラシーについて』の構成

訳出した部分と全体との関連を明らかにするために、つぎに原書の目次を掲載する。

序（訳出）

第一部

第一章　北アメリカの地勢・風土

第二章　起点（ヨーロッパからの移住者の性格）と、イギリス系アメリカ人の将来に対するその重要性とについて

第三章　イギリス系アメリカ人の社会状態

第四章　アメリカにおける人民主権の原理について

第五章　連邦政府について語る前に、各州で行なわれているところを研究する必要

第六章　合衆国における司法権と、政治社会に対するその作用とについて

第七章　合衆国における政治的裁判について

第八章　連邦憲法について

第二部

第一章　どうして、合衆国において支配しているのは人民である、と厳密な意味でいえるか

第二章　合衆国における政党について

第三章　合衆国における報道の自由について

第四章　合衆国における政治的結社について

第五章　アメリカにおける民主政について（選挙、公務員、行政、財政、外交など）

第六章～第九章（訳出）

第一〇章　合衆国の領域に住む、三つの人種の現状と、その将来の推移に関する若干の考察

結び（訳出）

序

アメリカ合衆国に滞在中、新奇なことは多々あったが、諸階層の平等ほど私の注意をひいたものはない。この基本的事実が社会の進展に及ぼす巨大な影響は、すぐにわかった。世論にある方向を、法制にある傾向を与え、為政者には新しい紀律を、被治者には独特の習性をもたらしているのである。

まもなく、この事実の影響が政治的習俗や法制を超えてひろがり、政治の領域に劣らず（市民）社会をも支配していることがわかった。（民衆の）意見を創り、感情を生み、風習をいざなう。そして、それと無関係に生じた、すべての事象にも修正を加えている。こうして、アメリカの社会を研究するにつれて、諸階層の平等が個々の事実の源と思われるようになり、また絶えず私の観察がすべてこの中心点に帰着するかに思われた。

さて、立ちかえってわれわれの半球（ヨーロッパ）の事態を考えると、新世界に起こっている壮大な光景に比すべきものがあるように私には思われた。諸階層の平等が合衆国ほど極端に達してはいないけれども、日々それに近づいていて、アメリカの社会を支配するデモクラシーが、ヨーロッパでも急速に権力（の獲得）を目ざして進んでいるかに見えた。この時から私は、これから読んでいただく書物の構想をもつようになったのである。

偉大な民主的な革命がわれわれの間で進行している。すべての人がこれを認めるが、それについての判断はまちまちである。ある人々はそれが新しいものだとは認めるが、偶発の事態と見て、これを阻止できれば、と考える。一方、他の人々は事態を阻止できないと判断する。歴史上で最も古く、最も永続的な事象と見えるからである。

いま七百年前のフランスの事態を考えてみよう。当時のフランスは、土地を所有して住民を支配する少数の家系に分割されていた。支配権は財産とともに世襲され、支配の唯一の手段は物理的強制であり、権力の唯一の起源は土地所有にあった。

しかし、ここに聖職者の政治的権力が確立され、まもなく拡大していく。聖職者の世界はすべての人に門戸を開く、貧者にも富者にも、平民にも貴族にも（教会では出世ができる）。平等（の原理）は教会を通して政治の領域に浸透しはじめた。農奴として永久に隷属の状態に生きるはずの人々が、聖職者として貴族に伍し、しばしば王の上位に位する権威をもつに至る。

時とともに文明が進み、社会が安定すると、人間関係はますます複雑多様となり、それを規制する（俗界の）法の必要が強く感じられるようになる。そこに法律家が生まれる。彼らは薄暗い法廷や埃《ほこり》だらけの記録保存所の奥から出、王侯の宮廷にあって、文武の封建貴族のかたわらに位置するようになる。

王は大遠征に身を滅ぼし、貴族は相戦って身をすりへらす。平民は商業によって富裕になる。

金銭の力が国事に影響しはじめる。交易は権力への途を開く新しい源泉であり、金融業者が一つの政治権力（をもつもの）となって、人はそれをさげすみもし、それにおもねりもする。

少しずつ、啓蒙《けいもう》がひろがる。文学、芸術に対する嗜好《しこう》の目覚めが見られる。そして才幹が成功の一要因となり、学問が政治の一手段とされ、知能は社会的に力と見られるようになる。学のある人々が政治の世界に出てくるのである。

しかし、権力に達する新しい途が見出されるに伴い、家柄の価値が低下していく。十一世紀には貴族の地位を金銭ではかることはできなかったが、十三世紀には爵位《しゃくい》が買えるようになった。最初の授爵が一二七〇年に行なわれた。平等が貴族制それ自体によって、ついに政治の中にまでもちこまれたのである。

これまで七世紀の間、貴族はときおり、王の権威と闘うため、あるいは競争者から権力を奪うために、政治（に介入する）力を人民に与えた。さらにしばしば、王は、貴族の力を低下させるために、下層の人々を政治に参与させた。

フランスにおいて、王は平等化に対して最も積極的であり、常にそれを推進した。王が野心に富み強力であったときには、人民を貴族の水準にまで高めようと努めた。野心もなく非力な場合には、人民が王の上に出るのを許した。前者は才幹によって、後者は不徳によって、デモクラシー（の実現）を助けた。ルイ十一世とルイ十四世とは王位の下にすべてを平等にするよう配慮し、ルイ十五世はついにその宮廷とともに身をおとして、塵《ちり》にまみれたのである。

市民が封建的所有とは異なった方式で土地所有をしはじめ、動産が富となって、今度はそれが影響力をつくり出し、権力をもたらすようになってくると、芸術における発見があり、商業や産業に改善が行なわれれば、必ずそれだけ新しい平等（化）の要因が社会に創り出される。そのときから、新しいやり方、生まれてくる要求、満足を求める欲求はすべて一般的平等化を推進する。ぜいたくにあこがれ、戦いを好み、流行を追うなど、人間の最も浅薄な熱情も、また深遠な熱情も、ともども、富めるものを貧しくし、貧しいものを富ませるためにはたらいているかに見える。

知能が力と富との源泉となって以来、知識の発展、新しい発見、新しい着想はすべて、人民の側の（利用しうる）力の萌芽《ほうが》と当然に考えられるに至った。詩想、雄弁、記憶力、優雅な精神、想像力、深い思索など、神がたまたま与えた資質がデモクラシー（の推進）に役立った。それらの資質がデモクラシーの敵の手にあっても、人間の天性の偉大さを浮きぼりにして、デモクラシーの大義に奉仕する。デモクラシーは、文明と啓蒙との進展とともに、その領域を拡大していき、文学はすべての人に開かれた武器庫となって、弱者、貧者が日々そこに武器を求めにくるのである。

われわれの歴史をひもといてみて、この七百年、大事件といわれるもので平等化に有利でなかったものはない。十字軍と、イギリス人との数次の戦いとは貴族を壊滅させ、土地を分割させた。地方自治体の制度は封建的君主制の中に民主的自由を導入した。火器の発見は戦場において貴族と平民とを対等にし、印刷術（の発明）は人々の知能に平等の糧《かて》を提供した。郵便の制度は貧者のあばら家にも、王宮にも啓蒙をもたらした。宗教改革の思想は、すべての人が平等に天国への途を求めうるとした。いったんアメリカが発見されると、（人々の）運勢に新しい途が多く開かれ、名もない冒険家に富と権力とをつかむ機会を提供した。

フランスにおいて、十一世紀から五十年ごとにどんな事件が起こったかを調べてみると、各時期の終わりに、社会の状態に二重の革命が進行してきたのを認めざるをえない。貴族の社会的地位は低下し、平民の地位は上がった。一方が降り、他方が昇る。半世紀ごとに両者が接近し、まもなく相ふれるようになろう。

これはフランスのみに限らない。（周囲を）見まわすと、キリスト教世界全体に同様の革命が続けられているのがわかる。

どこでも、国民の生活に起こる種々の偶発する事件がデモクラシー（の発展）に役立っているのが見られる。すべての人々がこれに尽力している。その成功を意図した人々も、そんなことは全く念頭になかった人々も、また、そのために闘った人々も、みずから（デモクラシーの）敵と宣言した人々さえもが。すべての人が入り乱れて同じ途に押しやられ、あるものはその意に反して、他のものは知らぬ間に、協同して神のみ手の中に盲目の用具となっているのである。

社会的に平等がしだいに進展していくことは神のみ業《わざ》であり、その主要な性格としては普遍的、持続的であり、日ごとに人間の力でいかんともしがたいものになっていく。すべての事件は、すべての人々と同様、この進展に奉仕する。

このように根が深い社会運動を一代の人々の力で阻止できると信ずるのは道理にかなっているであろうか。デモクラシーが封建制を破り、王に打ち勝ったあと、中産層や富豪の前で尻ごみするだろうと考えられるか。デモクラシーがかくも強力となり、その敵対者が弱化したいま、この進行が止められようか。

将来がどうなるか、それは誰にもわからない。比較の尺度がもはやないからである。今日、キリスト教国の人々にとって、諸階層はいつの時代よりも、歴史上のどの国よりも平等である。かくして、達成された成果が偉大なために、将来の予測が困難になる。

以下の著述の全体は、宗教的ともいうべき畏怖《いふ》の念の下に書かれた。この抗《あらが》いがたい革命が数世紀もの間あらゆる障碍《しょうがい》を越えて進行し、今日なお、それがもたらした廃墟の中で前進しているのを見て、著者の内心は戦《おのの》いたのである。

神のご意思の明らかなしるしをわれわれが見出すために、神みずから語りたもう必要はない。自然の通常の運行と歴史の持続的傾向とを検討すれば足りる。主が声高く語りたまわずとも、天体はみ手の示したもうた軌跡をたどることを私は知っている。

長期の観察と真剣な思索とによって、平等の漸進的展開は人類の歴史であるとともにその将来をも示す、と現代の人々が認識するに至れば、そのことだけで、この展開が至高の主のご意思にかなった神聖なものとなろう。デモクラシーを阻止しようと考えるのは神への挑戦であり、諸国民に許されるのは、天意によって課された社会状態に順応する途だけであろう。

キリスト教国の人々は今日、驚くべく壮大な光景をくりひろげているように見える。その運動はいまや止めがたい勢いであるが、同時にその速度があまりにも急で、もはや指導の余地がない、と絶望するほどのこともない。この運動の将来はいまだに人民の手中にあるが、いまにして起《た》たなければ時機を逸する。

デモクラシーを啓蒙し、できうれば信仰を再興し、習俗を純にし、行動を規律あるものにし、政治運用の未熟さを漸次に理論によって置き換え、盲目な本能に換えるに正しい利害関心をもってする。さらに、政治を時と処《ところ》とに適応させ、環境と人とに応じて修正する。以上が今日、社会の指導に任ずるものに課された第一の義務である。すべて新しい社会には新しい政治の理論が必要である。

しかし現状においては、そのような考慮が全く見られない。急流のさなかにあって岸辺に見られる残骸《ざんがい》になおかたくなに眼を据えているうち、後向きのまま深淵《しんえん》に押し流されていっている。

ヨーロッパ（大陸の）国民の中で、いましがた描いた偉大な社会革命がフランスほど急速な進展を見せたところはない。しかし、その進展には常に何の計画性もなかった。国家の首長があらかじめこれに備えたことはかつてない。革命はその意に反し、あるいは知らぬ間に行なわれた。国民の中の最も強力で、最も知識があり、最も道徳的な階層も、この革命を指導するために、それを手中に握ろうとはしなかった。デモクラシーは、その開明されない本能のおもむくままに任せられ、親の庇護《ひご》もなしに成長する子供のようであった。そんな子供は街頭で独り育ち、社会の悪と悲惨とだけを知っている。だから、デモクラシーがたまたま力を得ても、なかなかその存在が認められないかに見える。各人は低劣な欲求に身を屈し、デモクラシーは力の面で（だけ）崇《あが》められる。次いでデモクラシーがその行きすぎによって力を弱めた場合、立法者はそれを破壊する無謀な計画を立て、啓蒙し匡正《きょうせい》しようとはしない。デモクラシーに政治をする術を学ばせようとはしないで、政治から遠ざけようとしか考えないのである。

その結果、民主的革命は社会の物的な面で行なわれ、法律、思想、慣習、習俗において、この革命を有用なものにするのに必要な変化をもたらさない。かくして、現在デモクラシーは存在するが、その弊害を緩和し自然の利点を発揮させるものが欠けている。われわれはデモクラシーのもたらす害悪を実際に見て、まだ福利のありうることを知らないのである。

アリストクラシーに支持された王権が、ヨーロッパの諸国民を平和に統治していたときには、社会は悲惨な状況にありながら、ある意味では幸福を味わっていた。幸福といっても、今日そのゆえんを理解するのはなかなか困難であろう。臣民の一部が君主の専制に対して強力な障壁を打ちたて、一方、王は自分が民衆の眼にほとんど神性を有するものと映っていると考えて、民衆の尊敬を生み出した手前、権力の濫用は夢にもすまいと思うのである。貴族は人民から遠く隔たった地位にあったが、人民に対して、羊飼いがその羊の群れに対してもつ慈愛に似た穏やかな関心を示していた。貧しいものを自分と対等とは見ないが、その運命をあたかも天意によって自分の手に託されたかのように見守っていた。人民は現状と異なった社会の状態を考えたこともなく、また自分の主人と対等になりうると思ってもみないので、上からの恩恵に甘んじ、自己の権利を主張もしなかった。主人が行ないを慎んで正しければ、彼を愛し、その苛酷さに対しても、苦痛もなく、また卑下することもなく従い、これを神のみ手から与えられた避けがたい不幸と考えるかに見えた。さらに、慣習と習俗とにより圧制に限界がおかれ、力（による支配）の中に一種の権利が基礎づけられた。

貴族は、自分に当然に属すると信じている特権が奪われようとは夢にも考えず、農奴は自己の劣った地位を自然の不変の秩序とみなしていたから、この非常に異なった運命を担う二つの階級相互の間に一種の親愛の関係が生じえたと考えられる。そうなると、社会には不平等や貧困はあったが、精神的な低落はなかった。

単なる権力の行使や服従の習性が人間を退廃させるのではない。正統と考えられていない場合に権力がふるわれ、また権力が無理に奪われたもので抑圧的な場合にそれに服従するとき、はじめて退廃が生じる。

一方に富と力と暇とがあり、それにぜいたく、洗練された趣味、知的な楽しみ、芸術の崇拝が伴い、他方には労働と野卑と無知とがある。しかし、無知で野卑な民衆の中にも、情熱、寛容の気風、深い信仰、男らしさがある。このような組織の社会には安定があり、力強く、光輝に満ちていた。

しかしながら、ここに階層間の混合がはじまる。人間を隔てる障壁はしだいに低くなる。所領が分割され、権能は分掌され、啓蒙がひろがり、知識は均一化する。社会の状態は民主（平等）的となり、デモクラシーは制度と習俗とにおいて平和のうちに確立される。

そこで私は次のような社会を構想する。そこではすべての人が法をみずからつくったものとみて愛し、それに服するのを少しも苦痛としない。また政府の権威は必要として尊敬されるが、神聖視はされない。国家の首長に対していだく愛情は熱烈では決してないが、理にかなって穏やかである。各人は権利をもち、それを保障されているので、すべての階級の間に男らしい信頼（の関係）が打ちたてられ、高慢とも野卑とも遠い、相互に対する一種の寛容が生まれる。民衆は自己の真の利益が何であるかを学んでいて、社会の福祉に浴するには義務をも負わなければならないと理解するであろう。そのとき、貴族の個々の勢力に代わって市民の自由な結社があらわれ、国家は圧制と放縦《ほうしょう》とを避けることができよう。

このように構成された民主的国家においては、社会は不動ではなく、社会の変動に節度があり、前進的であると思う。貴族制国家におけるほどの光輝はなくとも、貧困は少ないであろう。極端な享楽は見られまいが、福祉はいっそう広く行きわたる。知識の高さでは劣っても、文盲ははるかに少なくなるであろう。精気には欠けても、習性は穏やかになろう。道徳に欠陥は目立っても、犯罪は減るであろう。

熱誠と熱烈な信仰とには欠けるが、啓蒙と経験と（を積む）から、市民はときおり進んで大きな犠牲を払うであろう。おのおのが等しく弱小であるから、同胞の等しくもつ要求に感じるところがあろう。そして、協力しなければ、仲間の支持も得られないということを知っているので、自己のためにも私益と公益とが融合することを見出すのは容易であろう。国民全体としては光輝に乏しく、おそらく強力でもなかろう。しかし、市民の大多数はいっそう豊かな生活を楽しみ、人民は平和に見える。向上の機会に絶望しているからではなく、恵まれていることがわかっているからである。

そのような秩序の中で、すべてが良好、有用ではないにしても、社会には少なくとも、よいもの、役に立つものといえるものがすべて備わっているであろう。人々はアリストクラシーが与えうる社会的利点をいっさい断念して、デモクラシーの提供しうる福利を享受したのだといえよう。

しかしながら、われわれは祖先の社会状態から離れ、その制度、観念、習俗をむやみに投げすてたが、何をもってそれらに換えたか。

王権の権威は消滅したが、法の尊厳がそれに代わったわけではない。今日、人民は権威を軽蔑《けいべつ》するが、それを恐れている。恐怖のため、人民はいままで尊敬と愛情とによって得ていた以上のものを失っている。

私の見るところでは、圧制に対して闘いえた個々の力は破壊されたのである。今日では、各家系、各結社、または個人から奪われた特権は、政府が全部、単独で継承している。少数のものがもっていた力は、ときには圧制的であったが、しばしば社会の維持に貢献もしていた。いまやすべてが弱化されるに至っている。

財産の分割は貧者と富者との距離を縮めた。しかし、その距離が縮まるにつれ、新しく憎みあう理由が生じたかに見える。恐れと妬《ねた》みとに満ちた眼を投げ交わして、お互いに相手を権力の座から追おうとする。双方に権利の観念は全くなく、実力が現在の事態の唯一の根拠であり、将来に対する唯一の保障と考えているかに見える。

貧しい人々は、父祖の偏見のほとんどすべてをいまだにもっている。先代の徳義心はなく、無知は依然としてある。その行動の基準として利益の説を採っているが、その何たるかをわきまえない。かつて彼らの信仰が盲目的であったのと同様、その利己主義は開明されていない。

社会は静穏である。その実力と福祉とが意識されているからでは全くなく、反対に、自己を弱体と思いこんでいるからなのである。精を出せば死にはすまいかと恐れている。各人がその弊を感じているが、よりよきものを追求するのに必要な勇気と精力とを誰ももっていない。欲望も後悔も悲しみも喜びもあるが、何ら目に見える持続的な成果を生まない。それはあたかも老人の情熱にも似て、果ては無力（感）に帰する。

同様に、ありし日のよきものは捨てながら、現状の提供しうる役に立つものを得てはいない。われわれは貴族制社会を破壊した。そして往時の大廈《たいか》の廃墟に満足げに立ちどまって、永久にそこに釘《くぎ》づけにされていたいかのようにさえ見える。

知性の世界の事態もこれに劣らずなげかわしい。フランスのデモクラシーは、その進行の途上で妨害に悩み、何らの支えもなく、秩序のない情熱に身を委ねて、出会うものをすべてくつがえした。またこわさなかったものをも大きく揺がせた。平和のうちに支配を確立しようと、社会をしだいに手中に収めていく光景は全く見られない。デモクラシーは無秩序と、闘いの嵐との中を絶えず進んできた。各人は闘争の烈しさに刺激され、敵の見解と行きすぎとに対抗するために自己の意見にあるべき限界を踏み越えて、追求する目的さえ見失ってしまい、自己の真実の感情と、秘められた本能とにそぐわないことを口走るようになる。ここから、われわれが否応なくまのあたりに見ている奇妙な混乱が生じてくるのである。

私の思い出をたどってみても、現今の事態ほどなげかわしいものはない。今日では意見と嗜好、行動と信仰とを結ぶ、自然な絆《きずな》が絶たれたかに見える。すべての時代に見られた人間の感情と思想との間の共感が破られたようである。いわば精神的類推の規矩《きく》がすべて廃棄された。

われわれの間においても熱誠にあふれたキリスト教徒に出会うことがいまだにあり、その人々の宗教的な魂は来世の真実を糧《かて》として生きるのを喜んでいる。この人々は奮起して人間の自由に味方するにちがいない。人間の自由は、すべての精神的偉大さの源泉である。すべての人を神の前に平等としたキリスト教は、法の前にすべての市民が平等とされるのを厭《いと》いはすまい。しかし、奇怪な事件の競合によって、宗教は目下、デモクラシーがくつがえした勢力の味方となり、しばしばみずからが好む平等を排斥し、自由を敵と呼ぶに至る。自由と手を握れば、その努力を聖化しえようものを（と惜しまれる）。

信仰をもつ人々とならんで、眼を天に向けるよりも地上に向けている人々がある。この人々は自由の味方であるが、その理由は、単に彼らが自由を至高の徳の源と見るからではなく、むしろ自由を最大の福利の泉と考えるからであり、そのため真剣に自由の領域を確保し、人にその恩恵を味わわせたいと望むのである。彼らが宗教に助けを求めることに急なのはわかる。習俗を支配しなくては、自由は確立されえず、また信仰がなくては、習俗を基礎づけえないと知るべきだからである。しかし、彼らは宗教が敵の陣列にあるのを見て、もうがまんできない。あるものは宗教を攻撃し、他はあえて宗教を擁護しようとはしない。

過去の数世紀の歴史において、低俗な人々は隷属を好み、一方、独立、寛容の人士は人間の自由を救うため希望もなく闘ってきた。しかし今日、生まれながらに高貴、寛容な人物で、その意見と趣向とが矛盾し、自分は知りもしない野卑さをほめあげるものがしばしばいる。他方、反対に、自由を語って、あたかも神聖、偉大なもののあることを感じうるかのように、従来は顧みもしなかった諸権利を人類のために声高く要求するものがある。

徳望が高く、平和の人で、その習俗は純潔、習性は穏和で、生活にゆとりがあり、開明的でもあって、自然に人の長となるような人物が確かにある。祖国に対する純真な愛に満ちていて、そのために大きな犠牲を払う用意が彼らにはある。ところが、このような人がしばしば文明の敵となる。文明の弊害と恩恵とを混同し、彼らの頭の中では新しいものは悪という観念が断ち切れない。

この人々のかたわらに、進歩の名において人間を物質視し、正義を顧慮しないで効用のみを求め、信仰と知識とを隔絶し、徳義と幸福とを分離する人々がいる。彼らは近代文明の戦士と自称し、僭越《せんえつ》にもその先端に立つ。（それにふさわしい人によって）放棄された地位を奪ってみても、こんな人々にはふさわしくないのである。

では、現状はどうか。宗教をもつものは自由と闘い、自由の友は宗教を攻撃する。高貴、寛容の人々は隷従を是認し、野卑な人々は独立を称讃する。正直で啓蒙された市民はあらゆる進歩の敵であり、一方、愛国心も徳義心もないものが文明と啓蒙との使徒と自称する。

すべての世紀がわれわれの世紀のようであったのか。今日のように何の絆もなく、美徳に天分がなく、天分には名誉が伴わぬ世界に当面してきたのか。また秩序への愛が暴君を好むことと間違えられ、自由に対する神聖な礼拝が法の蔑視と混同され、良心が人間の行動を導く光となりがたく、何ごとも禁止されず、また許容もされず、正直とも恥ずべきとも見えない、真偽の不明な世界、こんな状態であったのか。

造物主は人間を今日のように精神の貧困の中で絶えず相争わしめるために造られた、と思うべきか。そうは信じない。神はヨーロッパの社会にいっそう安定した静穏な未来を用意したもうのである。その思召《おぼしめ》しは知らないが、これに立ち入ることができないからといって、私はこの信念を捨てるものではない。自分の観察を疑うほうが神の正義に疑念をもつよりまだしもよい。

私のいう偉大な社会革命が自然の過程を経て、ほとんどその極にまで達しているように見える国が世界に一つある。そこでは革命が単純、容易な方式で作動している。いや、この国ではいまやわれわれの間でも進行しているデモクラシーの革命の成果が、革命さえなしに達成されているといえよう。

十七世紀のはじめ、アメリカに定着しようとして渡来した移住者は、デモクラシーの原理をヨーロッパの旧社会の中で（彼らが）敵対して闘った他の諸原理から何とか分離し、これのみを新世界の岸辺に移植した。そこで、この原理は自由のうちに成長し、習俗もこれに伴って、法制の中に平和のうちに展開されえたのである。

われわれ（フランス人）も、アメリカの人々と同様、おそかれ早かれ、ほとんど完全な平等の状態に到達するであろう。この点には少しの疑念もない。しかし、同様な社会状態になるからといって、そこから（アメリカ人と）同じ政治的結果を必然的に招くという結論は出てこないと思う。アメリカ人がデモクラシーのとりうる唯一の政治形態を発見したとは、とても信じることができない。ただ、両国において法制と習俗とを創り出す原因が同じであれば足りる。われわれには、デモクラシーが両国においてそれぞれ何を生み出したかが大きな関心事だからである。

私がアメリカを検討したのは単に好奇心を満足させるためだけではない。好奇心も他の場合には充分に正当な理由であろうが、私はアメリカから、われわれに役立つ教訓を見出そうと望んだのである。私がアメリカを讃美しようとしたと考えるなら、その期待は途方もない。この書物を読む方は、そんな構想がなかったことを誰でも納得してくれるであろう。私の目的は、このような政治形態一般の称讃ではなかった。法制に絶対の善が体現されているなどということはほとんどどありえない、と信ずる立場をとるからである。私には、この社会革命の進行が不可抗のものと見えるが、それが人類に対し有利か有害かを判定しようとはしなかった。この革命を既成事実とし、またはそれが達成されそうだと認め、それ自体のうちに革命の進行を見た諸国の人民の中で最も完全かつ平和的にそれを進展させた例を探究したのである。そして、その当然の結果を明らかに見てとり、できうれば、この革命が人間に有利となるような方策を知ろうとした。私はアメリカの中にアメリカ以上のものを見たことを認める。そこに、その傾向、性格、偏見、情熱にわたって、デモクラシー自体のイメージを求めた。私はデモクラシーを知りたいと思った。少なくとも、期待できるのは何か、恐るべきは何か、を知るために（である）。

さて、この著述の第一の部分[1]においては、デモクラシーがアメリカで思いのままに展開し、ほとんど何の拘束もなくその本能に委ねられているが、それが法制にどんな方向を与えたか、政府にどんな刻印をしたか、そして一般に政治にどんな影響を及ぼしたかを示そうと試みた。私はそれが生んだ利点と弊害とを知りたいと思った。アメリカの人々がデモクラシーを進めるためにどんな注意をしたか、どの点で注意を欠いていたかを探究し、それが社会を支配しうるようになった原因を明らかにしようと企てたのである。

アメリカにおいて諸階層の平等と民主政とが（市民）社会、慣習、思想、習俗に及ぼした影響を第二の部分[2]で描写するのが私の目的であった。しかし、今では、この構想を達成する熱意がなくなりかけている。私のしようと思ったことは、それが達成されるまでにほとんど無用になっていよう。他の著者がアメリカ人の主要な性格の描写をまもなく世に問うはずであり、深刻さをかろやかなヴェールに包んで真実を魅力的に語る力量は、私などの及ばないところと思われるからである。[1]

私がアメリカでの見聞をよく伝ええたかどうかは知らない。しかし、まじめにそうしたいと思い、意識して事実を枉《ま》げて観念に合わせようとは決してせず、常に観念を事実によって検証しようとした、とは保証しうる。

文書資料によって事実の確認が可能な場合には、原典に当たり、また最も権威ある著述を参照するように注意した。[2]出典は注に記してあるから、誰でも確かめうる。問題が意見、政治的慣行、習俗に関する場合には、最も事情に明るい人に尋ねるよう努めた。問題が重大で真相のわからぬときには一人の証言では満足せず、種々の証言の全体にもとづいてのみ結論を出すようにした。

この点については読者に私の誓約を信じていただかなければならぬ。自分の論述を支えるために、読者も承知の権威、あるいは少なくとも知られるに値する名士を、しばしば引用することもできたが、それをあえてしなかった。異国人は、自分を迎え入れてくれる主人の炉辺で、おそらく親しい友人にまで明かさない重大な真実を教えられることがしばしばある。主人の側では、打ち明けて、腹ふくるる思いから免れるのである。異国人は短期の滞在者であるから、主人は自分の思慮のなさを恐れることもない。これらの内聞はそのつどノートしたが、決して私のファイルから外には出さない。自分の物語の成功を犠牲にしても、歓待してくれた人々に迷惑をかけ、恩を仇《あだ》で返すような旅行者の列に加わりたくないからである。

いろいろ配慮したにもかかわらず、批判しようと思えば、この本ほど批判しやすいものはなかろう。それは承知の上である。仔細《しさい》に検討してもらえば、この著作の全体を通じて、すべての部分をつなぐともいえる一つの中心思想があるのがわかると思う。しかし、取り上げねばならなかった対象が多岐にわたっているので、私の引用する事実の全体に対して個別の事例をあげ、私の見解全体に一個の異見を対立させて反対するのはたやすい。私の労作を支配したのと同じ精神で私（の叙述）を読んで、全体の印象によって、私自身が決定を下したのと同様に、個々の理由によってではなく、数ある理由の総体によって、この本を判定していただきたい。

次のことは夢にも忘れてはならない。読者の理解を得たいと思うものは、自分の理念のおのおのをそのすべての理論的帰結に推し進め、しばしば虚偽と非現実とに陥ろうとする極限にまで至ることを余儀なくされるのである。たまたま行動において論理の準則からはずれる必要があるとしても、論議においてそうはできないからである。そして、人間は発言において一貫性がなければならない。それからはずれることの困難さは、その行動において一貫するのがふつうでは難儀なのとほとんど変わりないのである。

最後に、多数の読者がこの本の最大の欠点と思うであろうところをみずから指摘しておく。この本は何人の趣味にも精確に合致するわけではない。これを書くに当たって、いかなる党派に仕え、いかなる党派と闘うかは全然考慮されなかった。諸党派に異を立てるのではなく、党派を超えて考察を企てたのである。諸党派は明日を思いわずらうのに対し、私は思いを遠い未来にはせたいと思ったのである。

〔1〕この著書の第一版を出したとき、私のアメリカ旅行に同伴したギュスターヴ・ド・ボーモン氏は、まだ『マリ、または合衆国における奴隷』という題の著書を執筆中であった。その後この書物は出版された。ド・ボーモン氏の主要な目的は、イギリス系アメリカ人の社会における黒人の状態を浮き彫りにし、熟知せしめるにあった。彼の労作は奴隷問題に、生き生きとした新しい光を投げかけた。これこそ統一された共和国にとって死活の問題である。私の考えに誤りがなければ、ド・ボーモン氏の書物は、最初には興奮を求め、描写にひかれる人々の強い関心をひくが、それを越えて、とりわけ、洞察と深い真実とを得たいと思う読者の間で、いっそう堅実な、いっそう持続的な成功を収めるであろう。

〔2〕立法、行政に関する文献資料の蒐集に当たって示された好意はいまも忘れえないところであり、深甚な感謝を表明する。私の調査に好意をもってくれたアメリカの公職者のうちで、まずエドワード・リヴィングストン氏をあげねばならぬ。彼は当時は国務長官で、現在はパリ駐劄特命全権公使である。私のワシントン滞在中、リヴィングストン氏は、連邦政府に関して私がいまもっている資料の大部分を喜んで提供してくれた。リヴィングストン氏は類いまれな卓抜した人物の一人で、その書いたものを読んで好意をもち、知りあいになる前から尊敬していた。この人の配意を得たことを幸せに思う。

(1) 一八三五年に出版された分全体をさしているようである。

(2) 内容的には一八四〇年に出版されたものに当たる。

第二部

第六章　アメリカの社会が民主政から引き出す真の利点は何か

この章にはいる前に、この本ですでに数次にわたって指摘したところを読者に思いおこしていただく必要を感じる。合衆国の政治構造は、デモクラシーが政府に与える種々の形の一つと私には見えるが、アメリカの諸制度を、デモクラシーをとる国民が採用すべき唯一、最善のものとは考えない。アメリカの人々が民主政から引き出す福利を述べるさい、同様な利点が（アメリカと）同じ法制によってしか得られないと主張するつもりは毛頭ないし、そう考えてもいない。

「デモクラシーが支配的なアメリカにおける法制の一般的傾向と、それを適用する人々の本能とについて」

デモクラシーの弊はいっきょにあらわれる――その長所は長期的にのみ明らかに

なる――アメリカのデモクラシーの運営は器用ではないが、その法制は一般に有益である――アメリカのデモクラシーにおいて、公務員は民衆と異なった恒久的な利害を少しももたない、その結果

民主政の弊害と弱点とはすぐにわかる。それを示す顕著な事実がある。一方、その望ましい影響は(身に)感じられず、いわば(目に)見えない仕方であらわれてくる。欠点は一見して明らかであるが、美点は長期的にのみあらわれる。アメリカのデモクラシーの法律にはしばしば欠陥があり、不完全である。既得権を侵害するに至るようなものがあり、危険なものに法の保護を与えることもある。よい法律でも、しばしば改変されれば、弊害は大きい。このことはすべて一見してわかる。では、アメリカの共和政が存続し、繁栄するゆえんは何か。

法律の中で、それが追求する目的と目的を達する方法、絶対的価値のあるものと相対的価値があるにすぎないものとは慎重に区別されなければならぬ。立法者の目的が少数者の利益を多数者の犠牲において実現するにあり、そしてその方策は最短期間に最少の努力によって彼のめざす結果を得るように仕組まれているとしよう。そうすると、法律はよくできていて、立法の目的が悪いということになり、効力があればあるほど危険であろう。

デモクラシーの法律は一般に、最大多数の幸福を目ざしている。それは全市民の過半数の意図から出ており、この多数は誤ることはあっても、自分の利益に反することはありえないからであ

る。アリストクラシーの法律は、反対に、少数者の手に富と権力とを独占させる傾向がある。アリストクラシーは本来、常に少数（の支配）を形成するからである。そこで一般に、デモクラシーの目的は、その立法において、アリストクラシーより人類にとって有益であるといえる。しかし、デモクラシーの長所はここまでである。

アリストクラシーは立法の知識においてははるかに長じており、デモクラシーのとうてい及ぶところではない。自律的であるから、かりそめの誘惑に惑《まど》わず、長期の構想をもって、好機が到来するまで、それを熟させうる。また進め方が賢い。同時に、一点に、すべての法律の総合的な力を結集する術を心得ているのである。デモクラシーでは、そうはいかぬ。その法律にはほとんどの場合、欠陥があり時宜を失している。デモクラシーの手段はアリストクラシーにくらべて不完全である。しばしば自己の意に反して、不利にはたらく。ただ、その目的が、より有益といえるのである。

社会が自然の状況、または政治構造によって悪法の過渡的な影響に堪えうるようであれば、また社会がそこに行なわれる法の一般的傾向の成果を見るまで滅亡しないとすれば、民主政は、その欠陥にもかかわらず、社会を繁栄せしめるのに最も適当であると考えられるであろう。合衆国では、事態がまさにこの域に達している。すでに他の箇所[1]で述べたところを、ここにくりかえす。アメリカ人の大きな特権は、失敗の匡正（試行錯誤）が可能なことである。

これと似たことを公務員について述べよう。一見して明らかに、アメリカのデモクラシーにおいて、民衆はしばしば権力を託する人物の選択を誤る。しかし、そのような人々の手で国家が繁栄する理由はそう簡単には述べられない。まず、民主国家において、支配者は他に比して廉直さと能力とに劣り、被支配者は他より開明されており、注意ぶかいという点に注目しよう。デモクラシーにおいては、人民が絶えず公けのことにかかわり、権利の擁護に汲々《きゅうきゅう》としているから、その代表者に人民の利益に沿う一般的路線を踏みはずさないようにさせる。また、デモクラシーにおいて、公務員が他より権力を悪用するとしても、権力をもつ期間は一般に長くはない点にも注目しよう。しかし、これ以上に一般的で、満足すべき理由がある。疑いもなく、支配者に徳と才とが備わっていることは、国民の福祉にとって重要である。しかし、それにもまして重要なのは、被支配者大衆に反する利害を支配者がもたぬことである。もし民衆と利害が相反したら、支配者の徳はほとんど用がなく、才能は有害になろうからである。いま私は、支配者が被支配者大衆に反する、またはそれと異なる利害をもたないことが重要であるといった。しかし、支配者が被支配者全体と同様な利害をもつのが重要だとは少しもいわない。そんな事態が起こりそうに思えないからである。

これまで、社会を構成するすべての階級の進歩と繁栄とに等しく有利な政治機構を発見したものはない。これらの階級は、その数と同じだけの国民を一国内で形成するかに見える（対立の）状態をつづけてきた。そして経験によれば、いずれか一つの階級に他の階級の運命を完全に委ねるのは、一国民を、他の国民の運命の審判者とするのとほとんど変わらないほど危険だということが明らかである。富めるもののみが支配すると、貧しいものの利益は常に危険にさらされる。貧者が法をつくれば、富者の利益は不安定になる。何がいったいデモクラシーの長所なのか。デモクラシーの真の利点は全体の繁栄であるといわれるが、実は、それは最大多数の福祉に奉仕する点にしかない。

合衆国において公けのことを遂行する任にある人々は、しばしば才と徳とにおいて、アリストクラシーが権力の座に据えるものに劣る。しかし、この人々の利益は同胞市民の多数の利益と融合し、一致する。彼らはしばしば背信を行ない重大な過失を犯すが、主義として市民の多数に敵対的な傾向をたどるのでは決してない。政府を排他的で危険なものにすることはないのである。

さらに、デモクラシーにおいて、ある公務員の事務の遂行が不良であるとしても、それだけのことで、その短い在職期間にしか影響しない。腐敗や無能も、共通の利害となって恒久化されることはない。ある公務員が汚職を行ない、あるいは無能であっても、他の公務員と共謀はしないであろう。他のものも彼と同様、無能で腐敗しているというだけの理由によってである。この二人が共謀して、あとあとに汚職と無能との花を咲かせるようなことは夢にもあるまい。反対に、一人の野心と術策とが他の一人の仮面をはぐ役をする。デモクラシーにおける公務員の非行は、通常、個人にとどまるのである。

しかし、アリストクラシーの政府の下で公職にある人々には階級的利害があり、この利害はときおり、民衆の利害と融合するとしても、しばしば明確に区別される。これによって彼らの間に共通の永続的紐帯《ちゆうたい》が形成される。そして、団結して一つの目的に協力するように誘われるが、この目的が必ずしも最大多数の幸福であるとは限らない。団結は支配的地位にあるもの相互の間にのみ限られず、被支配者の立場にあるかなりの部分をも含む。アリストクラシーにおいては多数の市民が、公職に就いてはいないからである。アリストクラシーの公務員は、政府の中に恒常的支持をもつと同時に、社会においても同様の支持をうける。

ここに見る共通の目的は、数あるアリストクラシーにおいて、公務員を同時代人の一部の利害に結びつけるが、また彼らは、この目的のために、いわば将来の世代の利害をも自己の利害と一体化し、これに従う。現在と同じく将来のためにも励む。アリストクラシーの公務員は、被支配者の情熱と、自己の情熱と、後代の情熱ともいうべきものとに動かされ、同時に一つの方向に進むのである。それに全く抵抗がないからといって、何の驚くことがあろう。アリストクラシーにおいては、しばしば階級的精神が、それに毒されない人々をさえ誘って、知らぬ間に、しだいに社会をその慣行になじませ、子孫のために備えさせるのが見られる。

イギリスのように、自由で、しかも権威のある開明された人物を絶えず政府に供給したアリストクラシーがあったろうか。私はそんな例を知らぬ。しかし、一見して容易に明らかであるが、イギリスの立法においては、貧しい人々の福祉が富めるものの福祉のために犠牲にされ、最大多数（である人民）の権利が少数（者）の特権の犠牲となってしまう。また今日のイギリスでは貧富の差がはなはだしく、その国威にはすばらしいものがあるが、社会の状態は悲惨である。

合衆国においては、公務員に階級的利害を優越させるような事情は全くないから、支配の地位にあるものが有能でなく、品性において劣ることはあっても、政治の一般的、継続的な運営が民衆の福利にかなっている。民主制の諸制度の根本には、人間が徳義に欠け誤りを犯すにもかかわらず、しばしば公共の繁栄に協力するようになるという傾向が秘められている。それに対して、貴族制の諸制度には、人間が才と徳とに恵まれながら、同胞に不幸をもたらす傾きがひそんでいることがある。公職にあるものが、貴族政においては悪を欲せずに悪を行ない、民主政にあっては善をなす考えがなく善を生むようになる、というべきである。

「合衆国における公共の精神について」

本能的な祖国愛――熟慮から生まれる愛国心――その性格の相違――前者が失われた場合、人民は後者に全力を傾注すべきこと――アメリカの人々がそのために払った努力――国家利益と密接に結ばれた個人利益

祖国愛というものがある。それは主として、反省のない、利害を離れた、定めがたい感情に発し、人の心を出生の地に結びつける。この本能的な愛情は、旧い風習の味わい、祖先に対する崇

拝、過去の記憶と融合する。その持ち主にとって国を愛することは親の家を愛するかのようである。そこで楽しめる静けさを好み、そこで得た平和な習性を固く守り、その思い出に愛着をもち、その権威に服するのを快く思う。また、しばしばこの祖国愛は宗教的な熱誠によって高められ、人に目を見張るようなことをさせる。それ自身が一個の宗教であり、論議を排し、ただ信念、感情、行動だけがあるのである。諸国民の中には祖国を擬人化し、君主にその体現を見るものがある。愛国の感情の一部を彼に転化し、その勝利を誇りとし、その力強さを自慢する。旧君主制の下で、フランス人が何ら顧慮するところなく君主の恣意《しい》に身を委ねて一種の喜びを味わい、「われわれは世界で最も強い王の治下に生きている」と誇らしげに語った時代もあった。

すべての無反省な情熱と同様、この祖国愛も一時は人を動かして大きな力を発揮するが、それによって持続的な努力をさせることはあまり望めない。危機に臨んで国家を救った後には、平和のうちにしばしば衰えてしまう。国民がまだ習俗も淡白で、信仰に篤《あつ》く、社会が旧い秩序の下で安らかに憩《いこ》い、その正統性が少しも疑われないときには、この本能的な祖国愛の支配するのが見られる。

このような（本能的な）祖国愛よりも合理的な愛国心が他にある。それは勇敢さにおいて、またおそらく情熱においても劣るであろうが、より豊かで持続的である。この心は知性の発達から生まれ、法制に助けられて発展し、権利の行使によって伸張し、ついには、いわば個人的な利益と融合するようになる。個人は国家の安泰が自分自身の福祉に及ぼす影響を理解する。法が国家の安泰に寄与する機会を与えることを知り、最初は（受け身に）自分に役立つこととして、次いで（積極的に）自分の仕事として、国家の繁栄に関心をもつのである。

しかしときおり諸国民の生涯に次のような事態が起こる。旧い習慣は変わり、習俗は破壊され、信仰は揺らぎ、過去の輝かしい思い出は消え、しかも啓蒙は不完全で、参政権は保障されず、あるいは制限されている。このようなときには、祖国は光輝がうすれ、疑惑の目をもって見られる。国土は生なきものと映るようになる。祖先伝来の慣行も桎梏《しっこく》と見られるようになり、宗教も疑わしくなる。法律も自分のつくったものではなく、立法者は恐れられ、また一面では蔑視される。いずれも拠《よ》りどころにはならぬ。どこにも祖国は見えない。固有のものはといって見当たらないし、他に特色もない。それで人々は退いて、狭量で盲目的な利己主義に陥る。この人々は偏見から は解放されたが、（この世に）理性の支配すべきことを認識していない。彼らには君主国にある本能的な愛国心もなく、共和国の批判的な愛国心もない。混乱と悲惨のうちに、両者の間に立ちすくんでしまうのである。

このような状況にあって何をなすべきか。退却か。しかし、諸国民はその若き日の感情にはもはや立ち帰らない。それは個人が幼時の無邪気さに帰れないのに等しい。国のありし日を惜しむことはできても、その再生は不可能である。まさに前進し、いそいで国民に個人の利益と国家利益とが一致しうることを、まざまざと示さなければならぬ。利害を離れた祖国愛は去って帰らないからである。

そのような（よい）結果になるよう、いっきょに参政権をすべての人に与えよ、と主張するつもりなどない。私は、祖国の運命に関心をひく最も有力な、そしておそらく残された唯一の手段として、人民を政治に参与させるしかない、という説である。今日、（公けのことに関心を示す）市民精神は参政権の行使と不可分と思われる。そして、将来ヨーロッパにおいて、参政権が許容される範囲に応じて（政治に積極的な）市民の数が増減するであろうと考えるのである。

合衆国では、住民が最近その地に着いたばかりであり、過去の慣行も思い出ももちこんでいない。また、彼らの間には以前に面識がなく、ここではじめて会ったもの同士である。一言でいえば、本能的に祖国を思う気分はほとんどない。そんなアメリカで、各人がタウン、カウンティから国の全体のことにわたって各自のことと同様に関心を示すのはなぜか。おのおのがその領域で政治に積極的役割を果たすからである。

合衆国では、全体の繁栄が個人の幸福に影響するのを民衆が理解している。これは非常に簡単な着想であるが、一般にはほとんど知られていない。さらに、（アメリカの）民衆は、この繁栄は自分がもたらしたのだ、という考えになじんでいる。国が栄えれば自分の運勢もひらけると考えて、国運の隆盛のためにはたらくが、それは単に義務の念や誇りからだけではなく、あえていえば、欲からでもある。

以上に述べたところが真実かどうかを検討するために、アメリカの制度や歴史を研究する必要はない。その習俗がこれを充分に明らかにしてくれる。アメリカ人は自国のすべての事件に関与しているから、アメリカのうける批判はすべて弁護しなければならぬと信じている。攻撃されているのは国だけではなく、彼自身だからである。また、国民としての誇りからあらゆる策略に訴え、個人的な虚栄からくるあらゆる大人げない振舞にまで落ちることがある。

日常の交際において、アメリカ人のこの挑発的な愛国心ほどやっかいなものはない。異国人はアメリカのことを充分にほめるのに異存あるまいが、いくらか批判させてもらいたい点もあろう。しかし、それは絶対にだめである。アメリカはまさしく自由の国であるが、異国人がそこで誰も傷つけないようにするには、個人、国家についても、被支配者、支配者についても、公共の事業、私企業についても、結局、おそらく気候と風土とを除いて、出会うすべてのものについて自由に語ってはならない。なお、気候と風土とについても、アメリカの人はあたかも自分たちがつくったかのように擁護しようとするのである。

今日、われわれは（人民）全体の愛国心と少数者の政治とのどちらかに与《くみ》し、あえてどちらかを選ばなければならぬ。前者がもたらす社会的な力量、活動と、後者が与えることのある静穏の保障とを同時に結合はできないからである。

「合衆国における権利の観念について」

権利の観念をもたぬ偉大な国民はない——国民に権利の観念を与える手段は何か——合衆国における権利の尊重——どこからそれが生まれるのか

美徳の理念に次いでは、私にとって権利の観念より立派なものがない。むしろ、この二つは融合する（というべきであろう）。権利の観念は美徳の理念が政治の世界に導入されたものにほかならぬ。権利の観念によって放縦と圧制との定義が行なわれてきたのである。この観念に開明されて、おごりたかぶることなく、各人は自立性を示しえたし、また卑下せずに服従しえた。暴力に従う人は身を屈して自己をいやしめる。しかし、自分と同等の人に承認した命令権に服する場合には、ある意味で自己を指揮するものの上に立つとさえいえる。徳のない偉人はない。権利を尊重しない偉大な国民などありえない。それがなくては社会も存立しないとさえいえよう。合理的な、知能を備えた人間の結合で、その唯一の紐帯が暴力というような社会は考えられないからである。

今日、人に権利の観念を教えこみ、それを、いわば身にしみさせる手段は何かと自問してみる。そして、その方法は一つしかないと思う。すべての人にある種の権利を平穏に行使させるのである。これは子供で実験してみればわかる。子供は、体力と経験という点を除けば、大人と同じである。幼児が外界の事物に接しはじめると、本能的に自分の手の届くものは何でも使おうとする。他人のものという観念はないし、また他人の存在さえ知らない。しかし、ものの価値を教えられ、自分も他人からものを奪われることがあるとわかるにつれてしだいに慎重になり、ついには自分が尊重してもらいたいものは他人にも尊重するようになる。

玩具をめぐって子供に起こる事態は、（のちに大きくなると）人間の所持するものすべてにおいてあらわれる。すぐれてデモクラシーの国であるアメリカで、ヨーロッパにおいてやかましい、所有一般を廃止せよ、という叫びが聞かれないのはなぜか。その理由を述べる必要はあるまいと思う。アメリカにはプロレタリア（無産のもの）が全くいないのである。おのおの自己の財産を守らなければならないから、原理上、所有権を承認している。

政治の世界においても事情は同じである。アメリカでは、民衆が参政権をもっているから、それを尊重する。他の人が自己の権利を侵害しないように、他の人の権利も攻撃しない。ヨーロッパでは、最高の権威をも含めてすべての権威に民衆が偏見をもつのに、アメリカの人は最下級の公務員の命令にも不平を唱えずに服従する。

この真理は諸国民の生活の微細なところにまであらわれる。フランスでは社会の上流階級にのみ限られる快楽は少ない。貧しい人々も、金持のはいれるところには、ほとんどどこにでも入れてもらえる。事実、貧者は慎みぶかく振舞い、自己の加わる楽しみのためになるなら、すべてに敬意を表する。イギリスでは、富が権力を独占するとともに歓楽をも特権化する。貧しいものがひそかに富める人々にとっておかれた楽しみの場所にはいっていくと、無用の害をひきおこすことを好むもの、と苦情をいわれる。これは驚くに当たらない。貧者には失うべき何ものもないように配慮されているのである。

民主政においては、参政権の観念が最下層の市民にまで及んでいる。財産が配分されて、所有権の観念一般がすべての人のものとなるのと同じである。私には、これが民主政の最大の功績の一つに見える。すべての人に参政権の有効な使い方を教えるのが容易だとはいわない。ただ、それができれば効果はきわめて大きいというだけである。つけ加えていおう。そのような大事業が試みられなければならぬ時代があるとすれば、それはまさに今(十九)世紀である。

宗教が衰え、権利は神聖なものという観念が消え去るのがわからないのか。習俗が変化し、それとともに権利の道義性がうすれていくのを認めないのか。あらゆる面で、信仰が論議に、感情が打算に席を譲るのに気づくことはないか。この全般にわたる動揺の中にあって、一個人の利益を人心の唯一、不動の拠点とし、それと権利の観念とを統合するようにしなければ、世の中を治めるのに恐怖(を手段とする)以外に、いったい何があるか。

法の力は弱く、被支配者(である民衆)の威勢があがり、情熱に強く動かされ、徳は無力であるといいながら、この状況にあっても民衆の参政権の拡大を考えてはならぬという人があれば、それに対しては、同じ事情にもとづいて参政権の拡大が考えられなければならぬと信ずる、と私は答える。そして、真実のところ、政府は社会より、この点について大きな関心をもっていると考える。政府は滅亡するが、社会に死はありえないからである。しかしアメリカの例を不当に濫用しようという気は毛頭ない。

アメリカにおいて人民に参政権が与えられたのは、その悪用が困難な時代であった。当時は市民の数も少なく、習俗も淡白であったからである。アメリカの民衆はその勢いが増大しても、デモクラシーをとるに当たって、いわば権力を強化することなく、その領域を拡大したのである。疑いもなく、参政権は危機にさいしてのみ、従来それのなかった人々に与えられる。この危機は往々にして避けがたいが、常に危険をはらんでいる。幼児は生命の尊さを知らないとき生き物を殺す。他人が自分のものを奪いうることがわからないうちは、他人のものを取りあげる。民衆も、参政権を与えられた瞬間、その権利については、子供が全自然と対面するのと同じ状態にある。この場合には、人間は丈夫な子供、という有名な（ラテン語の）句が当てはまる。この真理はアメリカにも妥当する。市民がその権利を古くから享受している国とは、市民がこれを最も活用しえている国のことである。

このことはくりかえし強調されなければならぬ。自由である術《すべ》ほどすばらしいものはないが、また自由の修業ほど困難なものもない。専制主義については事情が異なる。それは積弊の修復者としてしばしばあらわれ、権利を擁護し、虐げられた人々を支持し、秩序をもたらすと称する。人民はこれによって生まれたつかのまの繁栄の中に眠りこむ。そして、ひとたび覚めれば、その境遇は悲惨である。反対に自由は通常、嵐の中から生まれ、軋轢《あつれき》の中から苦労して打ち立てられる。そして、その幸福がわかるのは年を経てのちのことである。

「合衆国における法に対する尊敬について」

アメリカ人の法に対する尊敬――法に対していだかれる父のような愛――各人の利益は法の力を拡大するにある

直接にせよ、間接にせよ、全人民を法の制定に参与させることが常に望ましいとはいえない。しかし、それが実行可能なら、法は大きな権威を獲得する。これは否定しえない事実であろう。法が人民に由来すると、しばしば立法のよさと賢さとを害するが、奇妙にもその威力を増す。全人民の意思の表明という事実には偉大な力がある。それが白日の下に表明される場合には、これに反対したい人々の想念も圧倒されてしまうかのようである。この事実は諸党派にもよく知られている。こうして、諸党派は機会があればいつでも多数を（獲得するために）争う、という光景が見られる。投票者の間に多数を獲得しえないときには棄権者をも含めて、それでも多数とならない場合には投票権のなかった人々の中にまではいって、多数派であると主張する。

合衆国においては、奴隷、（契約）使用人、および地方自治体に扶養される原住民を除いて、選挙権のないものはいない。そして有権者の資格において、間接に法の制定に協力するのである。そこで、法律を攻撃しようと思う人々は、公然とは次の二つの途の一つをとるよりほかない。国民の意見を変えるか、またはその意思をふみにじるかである。

この第一の理由に、より直接で、より強力な他の一つの理由をつけ加えよう。合衆国においては誰でも法に遵《したが》うことに一種の個人的利益を見出しているという事実である。今日、多数（派）に属さない人も、おそらく明日はその列にあるだろうという期待があるからである。現在、立法者の意思に敬意を表しておけば、それがやがては自己の意思を尊重させる機会になる。法がなげかわしいものであっても、合衆国の住民は何の苦痛もなくこれに従う。大多数の（人々の）つくったものであるというだけではなく、自分のものでもあるとして従うのである。法を契約の観点から考え、自分が契約の当事者であったかのように思っている、ともいえる。

合衆国には、多数の騒々しい群衆が法を天来の敵と見て、もっぱら危惧と疑惑との眼を向ける、ということはない。反対に、すべての階級が国を治める立法に大きな信頼を示し、それに対して父の（子に対する）ような愛情を感じているのを見のがしえないのである。

すべての階級といっては誤りであろう。アメリカでは、ヨーロッパにおける権力の尺度はくつがえされ、富めるものはヨーロッパの貧しきものの地位にある。法をしばしば無視するのは富者である。ほかのところでも述べたが[2]、民主政の真の長所はすべての人の利益を保障するにある、と主張されたことがあるけれども、そうではなくて、最大多数の利益を保護しうるという点にしかない。そこで貧者が政治をする合衆国では、富者はその権力が自分たちに対して濫用されはしないかと常に心配しなければならない。

このような富者の精神状態は強い不満を生みうる。しかし、社会が（そのために）はげしく動揺することはない。立法者に信頼を寄せるのを妨げるのと同じ理由によって、富者は立法者の命令を無視しえないからである。富めるがゆえに法をつくらず、また、あえて法を犯さない。文明諸国民にあっては、通常、革命を行なうものは何ら失うべきものをもたぬ。こうして、デモクラシーの諸立法は必ずしも尊重に値しないにしても、ほとんどの場合に守られる。ふつうは法を犯す人々も、自分がつくり、自分の利益になる法律には従わざるをえないし、また市民の中に法にそむくのを利益だと考える人があっても、性格と地位とによって立法者の意思といわれるものには従おうということになるからである。そのうえ、アメリカでは人民は、自己の手になるものというだけで法を守るのではなく、たまたま法によって損傷をうける場合にも、変更が可能だから法に従う。まず、みずから課した害悪として、さらには一時の害悪として、これに服するのである。

「合衆国の政治全体にあまねく見られる政治活動、それが社会に及ぼす影響」

合衆国にあまねく見られる政治活動の概念を得るのは、この国で出会う自由と平等とを把握する以上にむずかしい――数ある立法機関に絶えず見られる大きな動きは一つの挿話にすぎず、このあまねく見られる運動の延長である――アメリカ人には私事にのみかかずらっているのが困難である――政治的煽動が（市民）社会に及ぶ――アメリカの人々の産業活動は一部この原因に由来する――社会が民主政から引き出す間接の諸利益

自由な国から自由のない国に移ると、その対照のいちじるしさに驚く。自由な国ではすべてが躍動しているのに対し、他方ではすべてが沈滞している。一方では改良と進歩としか問題にならないが、他方では社会がすべての福祉を獲得した上で、それを享受するために憩《いこ》うことだけを願っているといえよう。しかし、幸福になるために大いに人が動く国は一般に、運命に満足しているかに見える国より富み栄えている。両者を考量して、自由な国では新しい必要が、毎日かくも多く生じ、自由のない国にはそれがほとんどないように見えるのはなぜか、ということを理解するのはむずかしい。

以上の考察が君主制を維持していて自由な国や、貴族が支配する自由な国に当てはまるなら、民主的共和政については、いっそうよく当てはまる。共和国では、社会の状態を改善しようとするのは人民の一部ではなく、人民全体がそれをみずからの責務とするからである。問題は単に一階級の必要や安楽のために配慮するのではなく、すべての階級の必要や快適な生活のために同時

に取り組むことにある。

アメリカ人の享受している自由の大きさを理解するのは不可能ではない。彼らの享受する平等がいかに進んだものか、についても観念を得ることもできる。しかし、実際に目撃してでなければ理解できないのは、合衆国に普遍的な政治活動である。アメリカの地に第一歩を印《しる》すや否や、一種の喧噪《けんそう》に包まれる。混沌とした主張が方々からいっせいに起こる。あまたの声が同時に耳に達する。そして、そのおのおのが何らかの社会的な必要を表明している。あたりはすべて動いている。ここで一地区の人民が教会を建てるべきか否かを決するために会合しているかと思えば、かしこでは、代表者の選出に忙しい。さらにかなたでは、一地方の代議員がその地方の改善を議するために町に大急ぎで駆けつけている。また別のところでは、村の農民たちが道路や学校の建設案を議するために畑を離れていく。一方で市民が政府のやり方を認めないと宣言するだけのために会合していると、他方では、いま公職にある人々を国の父祖と宣言するために集まる。さらにまた、飲酒、酩酊《めいてい》が国家の害悪の主要な根源であると見なし、禁酒の模範を示すことを厳粛に誓うために集まる人々もある。(1) アメリカの数ある立法機関に絶えず起こる大きな動きは、外から見れば一つの動きにすぎないが、実は人民の最下層からはじまり、次いでしだいに市民の全階層にまで及ぶ全面的な運動のエピソードであり、その一種の延長にすぎない。幸福になるためにこれほど勉励しうるものは他になかろう。

合衆国において、政治に対する配慮が人生にどのような地位を占めるかを述べるのはむずかしい。政治に介入し政治を論ずることは、アメリカ人の最大の関心事であり、いわば唯一の楽しみである。この事態は生活の最も些細な習慣にまであらわれる。婦人さえも、しばしば公けの集会に出かけ、政治に関する議論を聴いて、家事の憂さを晴らす。婦人にとって、(政治の)クラブはある程度まで劇場の代用になる。アメリカ人は対話ができず、議論する。談話でなく、論説になる。話をするときには常に一堂の会衆に対するかのようで、たまたま熱してくると、相手が一人なのに「諸君」と呼びかける。

法律によって与えられた参政権を住民がいやいやながらとしか見えない態度でうけとる国々もある。公共の利益に奉仕することは自分の時間を奪われるかのように見えるのである。そして、狭い利己主義の中に閉じこもり、四周に溝《みぞ》や垣根をめぐらせて自己の領域を明確にするのを好む。これに対して、いったんアメリカ人が私事にしかかかわれない立場に追いこまれると、自己の存在(意義)の半分は失われたと感じるであろう。彼はその日々(の生活)に大きな空虚が生じたように思い、信じがたいほどに不幸になるであろう。[2] 万一、アメリカに専制が樹立されることがあれば、自由から生まれた数々の習慣を打破するほうが自由を愛する心自体に打ち克つよりも困難である、と思い知るであろうと私は確信する。

民主政が政治の世界に導入したこの動きは、絶えず再生されつつ、次いで(市民)社会に及ぶ。すべてを考慮して、これが民主政の最大の長所ではないかと私には思われる。民主政を、それが現実に行なうところからよりも、それから生じてくるものによって称讃するのである。

人民がしばしば公共の問題の処理に拙劣なのは争えないが、人民が政治に介入すれば必ず思考の領域はひろがり、心は日常茶飯のことから離れるようになる。平凡な一市民も政治に参加を求められると、ある意味で自信をもつ。いまや一個の権力であるから、すぐれて開明された(人々の)知能も彼に奉仕する。彼の支持を得ようとして、絶えず訴えかけがあり、種々の方法であざむこうとして、(かえって)彼が啓蒙される。政治において、彼は種々の企画に参加する。そんな事業は、自分の発案ではないが、大きな仕事とは一般にどのようなものか、を彼に味わわせる。毎日、公共の財産にどんな改善を行なうべきかが示され、(その示唆によって)彼個人の財産を立派にしたい欲望が生まれるのを感じる。彼は、その先人にくらべて徳が高く、より幸福というわけではおそらくないが、より開明され、活動的である。民主的な諸制度は、合衆国の風土とあわさって、この国に見られる産業の目ざましい発展の直接の原因である、と多くの人はいう。そうではなくて、間接の原因である。この点には私に何の疑念もない。法が産業の発展をもたらすのではなく、人民が法をつくりつつ、この発展を生み出すことを学ぶのである。

デモクラシーの敵たちが、個人の(政権の)ほうが全人民の政府よりもその責務をよく果たすというなら、その主張は正しいと私には思われる。知能の程度が同等と仮定すれば、個人支配は、ことをなすに当たって、大勢(の支配)より一貫性がある。持久力、全体の見とおし、細部にわたる配慮、人選に当たって人を見る明などの点ですぐれている。これを否認する人は民主的共和政(の実情)を見たことがないか、少数の例にもとづいてしか判断していないのである。デモクラシーにあっては、地方の環境と人民の性向とによって維持される場合さえ、一見して、行政が整備され、政府の施策が整然と進められているとは見えない。これはまさしく事実である。民主的自由によって各事業が開明的専制と同様に立派に遂行されるわけではない。しばしば成果を見ぬうちに放棄され、あるいは危険な企てに乗り出す。しかし、長期的には成果においてまさる。個々の事業には拙劣であるが、より多くをなしとげる。デモクラシーの支配する下で、偉大なのは行政の成果ではなく、公けの力を借りずにその（行政の）枠外で遂行されるものである。デモクラシーは人民に対して、より能率のよい政府を提供しはしないが、最も能率のよい政府にさえしばしば実現不可能なものを創り出す。デモクラシーは社会全体にじっとしていられないような雰囲気をひろめ、あふれんばかりの力にみなぎらせる。デモクラシーでなくては決して存在しないエネルギーが生まれ、環境さえ有利であれば、それが眼もくらむばかりの成果を生みうるのである。ここにこそデモクラシーの真の長所がある。

キリスト教世界が運命の岐路に立つこの世紀において、あるものはデモクラシーを敵対する力として攻撃するのに急であるが、それにもかかわらず、デモクラシーの勢力は増大している。他の人々はデモクラシーを無から生じた新しい神と崇める。しかし、双方ともそれぞれの憎悪と願望との対象を不完全にしか知らない。闇の中に争い、あてもなく攻撃しているありさまである。

社会とその政治とに何を求めるか。それが明確にされなければならぬ。人間の精神をある高みにもたらし、この世のことを寛容な眼で眺めるようにさせたいのか。人間の心を打って物質的な幸福を軽視するようにさせたいのか。（人間に）深い確信を生み出させて、偉大な献身的行為に備える用意をさせたいと思うのか。問題は習俗を洗練し、作法を高尚にし、芸術に花咲かせるにあるのか。一国民を組織して、他の諸国民に強い影響を与えるようにすると主張するのか。国民を偉業に乗り出すようにし、その努力の成果はどうあろうと、歴史に大きな足跡を残させようと期待するのか。そんなことが社会における人間のみずからに課す主要な目的であるという意見ならば、民主政をとるべきではない。民主政ならばその目標に確実に到達する、とはいえないのである。

しかし、人間の知的、道徳的活動を物的生活の必要に向かわせ、福祉を生み出すのに用いるのが有効と思われると仮定する。また、人間にとって分別が天才より有利に見え、目的は英雄的な徳目の創出にではなく、平和な習性を生むにあるとしよう。あるいは、犯罪よりも道徳的な欠陥を許容するほうがよいと考え、恐るべき罪悪に出会うことが少なければ、偉大な行為には乏しくてもよい、とする。さらに、光輝ある社会の中で活動するよりも富裕な社会に生きるのに甘んじ、そして最後に、政治の主要な目的が、国民全体に勢力と栄光とをきわめさせるのではなく、国民各個に最高の福祉を得させ、最大の困苦から免れさせるためにある、と考える。以上のような意見であれば、そのときには諸階層を平等にし、民主政を樹立せよ。

もはや選択の時間がなく、超人的な力が委細かまわず二つの政治形態（個人支配と多数支配）の一方に引きずっていくのなら、少なくともその行路からできるだけよいものを引き出すようにせよ。その悪い性向とともに善い本能をもわきまえて、前者の結果を抑え、後者を伸ばすよう努力せよ。

〔1〕禁酒協会とは、その会員が強い酒精飲料から遠ざかることを誓う結社である。私の合衆国旅行中、禁酒協会はすでに二十七万人以上の会員をもち、その運動の結果、ペンシルヴェニア州だけで、年間五十万ガロン、強い酒精飲料の消費が減じた。

〔2〕同じ事実がローマの初期の皇帝の下ですでに見られた。モンテスキューはどこかで、ローマの市民たちの中には、政治生活の興奮のあとで急に私生活の静けさの中に帰ると、この上なく深い絶望に陥る人があった、といっている。

(1) たとえば、この前の第五章で述べられている。

(2) 本章第一節（本巻二三〜二九ページ）参照。

第七章　合衆国における多数（派）の万能と、その諸結果とについて

デモクラシーにおける多数（派）の本来の力――アメリカにある（州や連邦の）憲法の大半は人為的にこの力を増す――その仕方――選挙人の指令――それは誤ることがないという見解――その権利の尊重――合衆国でこれを拡大するもの

民主制の政府において、多数（派）の支配の絶対性は、その本質である。デモクラシーにおいては、多数のほかに、これに抵抗しうるものはないからである。アメリカにある諸憲法の大部分は、さらに、この多数の本来の力を人為的に拡大しようとした。[1]

すべての政治的権能の中で、立法部こそ最も進んで多数に服するものである。アメリカの人々は立法部の構成員が人民によって直接に任命され、その任期をきわめて短期に限られることを望んだ。議員がその選挙区民の一般的意見のみならず、日々の感情にも服するようにさせるためである。両（議）院のメンバーが同一の階層から同じ方法によって任命され、その結果、立法部の行動が、一院制の場合とほとんど同様に速やかで抗しがたいものとなっている。立法部が以上の

ように構成され、そこにすべての政治的権能が集中されている。

法律が本来強かった権能をさらに強化すると同時に、本来弱い権能をしだいに衰えさせた。執行権の代表者には、法律によって安定も独立も与えられず、これを立法部の恣意に完全に従属させて、民主政の性格から当然に行使を許されるわずかな影響力さえ執行部から奪った。いくつかの州では、司法権までが選挙によって多数に左右され、すべての州において、裁判官の俸給を毎年きめる権利が立法部の議員に委ねられているので、司法部の存在がある意味で立法権に依存させられていた。

慣行は立法よりさらに極端であった。合衆国では、次のような風習がしだいに普及して、代議政の保障を空虚にしてしまうであろう。選挙する人々が代議員を任命するに当たり、彼に行動のプランを指示し、決して違背できないような一定の義務を課することがたびたびあるのである。喧噪を別とすれば、さながら多数自体が（市の）広場で討議しているかのようである。

独特の環境によって、アメリカでは、多数（派）の力が優越するばかりでなく、抗《あらが》いがたいものになる傾向がある。多数（派）の道義的権威には次のような理念にもとづいている面もある。個人よりも多数の集合に開明と英知とがあり、その意味で、立法者の数がその選択（の結果）よりも重要だと考える。これは知能に適用された平等の理論である。この主義は人間の誇りを、その最後のとりでにまで立ち入って攻撃する。その意味で、少数（派）にはこれを認めるのが容易でなく、これになじむのに長期を要する。すべての権威と同じく、おそらくそのどれよりも、多数（派）の権威が正統と見られるには、永続的である必要がある。それが安定しはじめると、拘束して服従させるようになる。それが尊重されはじめるのは、法制の下で永続したあとでしかない。

多数が開明的であるから社会を支配する権利をもつという理念は、合衆国の地に、最初の移住者によってもたらされた。この理念は、それ自体、自由な国民を創るのに充分であったであろうが、今日では習俗にはいりこみ、生活の習慣の微細な点にまで見出される。

フランス人は、旧君主制の下で、王は決して誤りを犯しえないと常に考えていた。もし誤ることがあれば、それは王の助言者たちの過ちであると考えた。これが王権に対する服従を驚くべく容易にした。法律に不平は唱えても、立法者を愛さなくなったり、尊敬しなくなったりはしないでいられた。アメリカの人々の多数に対する見解がこれと同じである。

多数（派）のもつ道義的権威は、最大多数の利益が少数の利益に優先しなければならぬという原理にもとづく。そこで、最大多数の権利に対して払われる尊敬は、党派の状況に従って自然に拡大もし、また縮小もすることが容易に理解される。一国民が融和しがたいいくつかの大きな利害（集団）に分裂しているときには、多数（派）の特権に対する服従が非常に苦痛になるから、それはしばしば無視されるのである。

アメリカにおいて、立法者が、市民の一階級が数世紀にわたってもっている、一定の排他的な利点を奪い、その階級を多数（派）の列に入れるために、一段高い地位から引きおろそうとすれば、おそらくこの少数（派）はなかなか、その法に従おうとはしないであろう。しかし、合衆国は相互に平等な人々によって構成されているので、雑多な住民の利害の間に本来の恒久的な分裂はまだない。

社会の状態には、少数（派）の人々が多数を、自分の側に引き寄せることを望めないような場合がある。そうするためには、その闘争の目的さえも放棄しなければならなくなると思われるからである。たとえば、貴族は、その排他的特権を維持したまま多数（派）とはなりえないし、特権を放棄して貴族でありつづけることもできない。

合衆国では、政治問題が、このように一般的、絶対的な形では提示されえない。そして、すべての党派が多数（派）の権利を承認する用意がある。すべてが、いつの日かこの権利を自己のために行使できると期待するからである。合衆国において多数は巨大な力を事実上もち、これに劣らぬ大きな力を世論としてもっている。一つの問題に関して多数（派）がいったん形成されると、その行く手に障碍《しょうがい》というべきものは何もない。行く手をさえぎるといわないまでも、その速度を鈍らせ、それが行きずりに押し潰していくものの苦情に耳をかす余裕をもたせるものはないのである。このような事態から生まれる諸結果は、将来にとって不吉で危険である。

「アメリカにおいて、多数の万能はデモクラシーに本来ある立法と行政との不安定をいかに拡大するか」

アメリカの人々が立法者を年々変え、しかも、これにほとんど無制限な権能を与えて、デモクラシーに本来ある立法の不安定をいかに拡大していくか――行政に及ぼす同様の影響――アメリカにおいては、社会の改良に、ヨーロッパにおけるよりもはるかに巨大な、しかし持続性のない力がはたらく

前に民主政に本来ある弊害について述べたが[1]、そのいずれもが多数（派）の権能（の増大）とともに増大するのである。まず、その最も顕著なものから述べよう。立法の不安定は民主制の政府に内在する欠点である。新しい人を権力の座に招くのが民主政に本来の性格だからである。しかし、この欠点は、立法部の権能と行動の方法とによって、その大きさが異なる。

アメリカにおいては、立法の府に最高の権能が与えられる。立法部は、その望むところを、おのおの速やかに、抵抗なく実現しうる。しかし、年々代議員が変えられる。いわば、まさしく、民主政の不安定を最も促進する方向と、民主政の名において最も重要な目的に移ろいやすい意思をもって対処する方式とを結合したのである。また、アメリカは今日、世界中で実定法が最も短命な国である。アメリカのほとんどすべての憲法が、ここ三十年間に改正されている。この期間に立法の基本を変えなかった州はアメリカに一つもない。一方、法律についていえば、連邦諸州

の記録を一瞥《いちべつ》するだけで、アメリカにおいて、立法者の活動が決して下火にならないことに納得がいく。これは、アメリカの民主政が、その本来の性格から他より不安定というのではなく、法律の制定において、民主政の性向に本来ある不安定に従う方法が与えられているからである。[2]

　多数の万能と、その意思が合衆国において迅速《じんそく》、絶対的に遂行される様式とによって、法律が不安定になるばかりではなく、多数（派）は法律の執行をも、また行政権の発動をも不安定にするようになる。多数が唯一の勢力で、これを満足させることが重要だから、その企てる事業にはみなが熱心に協力する。しかし、ひとたび多数（派）の注意が他に向けられると、すべての努力はやむ。一方、ヨーロッパの自由な国々では、行政権は独立に存在し、地位も保障されているので、立法部が他の事案と取り組むようになっても、立法者の意思は持続的に遂行されていく。

　アメリカでは、ある種の社会的改良に、他では見られぬほどの熱情と活動とが傾注される。ヨーロッパでは、同じような事業について、それにくらべてはるかに小さいが、しかしいっそう持続的な社会的努力が行なわれる。

　数年前、宗教関係者が数人、監獄の状態の改善を企てた。その呼びかけに世論が動かされ、罪人の更生は世論の支持をうける事業となった。新しい監獄がいくつか建設された。罪人の更生の観念が、刑罰の観念とともに、はじめて、監獄の中にまで浸透した。これは幸いなことであった。しかしこの変革は、世論のかくも熱心な支持を得、市民がすぐさま反応して努力し、抗いがたいものとなったが、瞬時にして達成されうるものではなかった。多数が誓って促進して建てた新しい獄舎のそばに、旧い獄舎が依然として存続し、多くの罪人を収監しつづけた。新しい監獄が更生的で健康的になるに従い、旧い監獄はますます不潔になり、服役者を堕落させるようになった。この二重の結果が生じたゆえんは容易に理解される。多数（派）は新しい監獄を建てるという観念にとりつかれて、すでにあるもののことを忘れてしまった。もはや主人の眼をひかないものから各人が眼をそらせたので、そこには眼が届かなくなったのである。規律は好ましいが、その絆がまず張りすぎ、そしてまもなく断たれた。こうして、現代の慈愛と開明との記念碑である監獄のそばに、中世の野蛮を思い起こさせる牢獄が見られるに至った。

「多数の圧制」

人民主権の原理とは何をいうのか――混合政体は構想が不可能――主権はどこか一ヵ所になくてはならぬ――その行動を穏和化するためになすべき用意――この用意が合衆国ではなされなかった――その結果

政治においては、人民の多数に何でもすべてを行なう権利がある、という公理を、私は不遜で厭うべきものと考えるが、しかし、それでもすべての権力の根源を多数（派）の意思に求める。

これは自己矛盾であろうか。

普遍の法があり、それは特定の国民の多数によってのみならず、全人類の多数によって定められているか、または少なくとも採用されている。この法とは正義である。正義は各国民の権利の(行使に)限界を形成する。一国民は、普遍的社会を代表し、その法である正義を適用する責を負う陪審のようなものである。この陪審は、社会を代表して、その社会の法の適用に任ずるが、果たして、その社会自体より大きな力をもつべきであろうか。

私は不正な法への服従を拒否するに当たり、多数に対して支配の権能を少しも否認しない。ただ人民の主権から人類の主権へと訴えを代えるだけである。人民は、みずからにだけ関心のある事項について、正義と理性との限界を全面的には逸脱ができないから、したがって、人民を代表する多数にすべての権力を与えるのを危惧すべきではない、といってはばからぬ人々がある。しかし、これは奴隷のいうことである。

集団としての多数とは、それが少数と呼ばれる他の個体と意見を、そしてしばしば利害を異にする個体でなければ、いったい何なのか。さて、もし、すべての力をもった人間が、これを、その反対者に対して濫用するのを認めるなら、何ゆえに多数に対して同じことを認めないのか。人間は結合して、その性格を変えたというのか。人間は強力になるに従って、障碍に対して忍耐づよくなったのか。[3] 私としては、そんなことは信じられない。私は全能の権力が自己の同類の一人に対して与えられることを拒否する。そしてその保持者が複数になっても決して容認はしない。

自由を維持するために、同一の政治形体の中にいくつかの原理を混合して、相互に実際に対立せしめうるとは信じていない。混合政体と呼ばれるものは常に一つの妄想《もうそう》だと私には思われる。事実、混合政体は〔世間でいわれる意味では〕存在しない。各社会には、結局、他のすべてを支配する一つの行動の原理が見出されるからである。前（十八）世紀のイギリスが、とくにこのような（混合）政体の例として引かれるが、当時のイギリスは、その中に民主制の大きな要素が見出されるとしても、本質的には貴族制の国家であった。結局は常に貴族が優越し、その意思によって政治の指導が行なわれるように、法と習俗とが確立されていったからである。このような誤りの生じたゆえんは、貴族の利害が人民の利害と争うのを絶えず見て、闘争のみを考え、その結果に注意しなかったからである。このあとの点こそ重要であった。一つの社会が実際に混合政体をもつことになれば、いわば（権力が）相反する原理に立って平等に分割されるという事態になるのだから、その社会は革命（状態）にはいるか、解体するかである。

私は、他のすべてに優越する（社会的な）権力がどこかになければならないと考える。しかし、この権力の前に、その進行を止め、権力がそれ自体で穏健化する時間を与えるような障碍が何もなくなれば、自由は危殆《きたい》に瀕《ひん》すると信じている。

全能は、それ自体、悪であり、危険なものと思われる。その行使は、行使者が誰であろうと人力を超えるもののように見える。神のみが全能であって危険がない。その英知と正しさとが、常にその力に等しいからである。しかし地上では、いかなる権威も、それを何らの抑制なく行動させ何の障碍もなく支配させてよい、と私が思うほど、それ自体が尊敬に値する神聖な権利を身に帯びてはいない。万能の権力が何らかの勢力に与えられた場合、その勢力が人民と呼ばれようと、王と呼ばれようと、またデモクラシーであれ、アリストクラシーであれ、さらにそれが君主政で行使されようと共和政で行使されようと、そこに圧制の萌芽があると私は宣言し、他の法制の下に生きる場所を求める。

合衆国に組織された民主政において私が最も強く非難する点は、ヨーロッパで多くの人が主張する、その弱体さではなく、反対に、それが抗いがたい力をもつからである。アメリカにおいて私に最も厭わしいのは、そこに支配する極端な自由ではなく、圧制に対する保障が少ない点である。合衆国において個人や一党派が不正をこうむったら、誰に訴えよというのか。世論にか。世論は多数（派）の形成者である。立法の府にか。これは多数を代表し、それに盲従するものである。執行権にか。これも多数によって任命され、それに奉仕する用具にすぎぬ。警察にか。警察は武器をもった多数以外の何ものでもない。陪審にか。陪審とは判決の権利をまとった多数である。いくつかの州では、判事さえ多数によって選ばれる。うけた処分が、いかに不正または不当であろうと、それに従わなければならぬのである。[4]

反対に、多数を代表してはいるが、必ずしもその激情の奴隷にはならないよう構成されている立法部があり、固有の機能をもつ執行権、他の権力から独立した司法権があるとする。これも民主的な政府であろうが、もはや圧制に向かう機会はほとんどなかろう。

現在アメリカにおいて、しばしば圧制が行なわれている、というのではない。圧制に対する保障が全く見られず、法制によりも環境と習俗とに権力の発動が緩和される要因が求められなければならぬ、というのである。

「多数の万能がアメリカの公務員の任意裁量に及ぼす影響」

アメリカの法律が公務員にその管轄の範囲内において認める自由――その力

任意裁量と圧制とは区別しなければならぬ。圧制は法によってさえ行なわれうる。そのときは決して任意ではない。任意裁量は被治者の利益のために行使されうる。その場合には圧制的ではない。圧制はふつう任意裁量を利用するが、必要に応じて、それを用いないでもできる。

合衆国において、多数の万能は、立法者の法律にもとづく専制を助長すると同時に、法の執行者の任意裁量をも容易にする。多数（派）は法律の制定と、その執行の監視とに絶対の権限をもっており、支配者も被支配者も同様に支配しているので、公務員を自分の（命に従う）受け身の代行者と見、進んで（多数）みずからの計画を遂行するように配慮させる。ゆえに、あらかじめその義務の詳細には立ち入らず、その権限を確定する労をもとらない。主人が召使を遇するように公務員を扱い、常に自分の監視の下に行動しているから、いつでもその行動を指導あるいは匡正できるかに考えている。

一般に、法律上アメリカの公務員は、その管轄の範囲内で、われわれ（フランス）の公務員よりもはるかに自由である。多数が公務員に管轄を超えるのを許すことさえ、ときおり起こる。最大多数の意見によって保障され、その支持を得て強力であるから、任意裁量の大規模な展開になれているヨーロッパの人さえ、なお驚くようなことがあえて行なわれる。かくして自由の中で、いつの日にか自由を危殆ならしめるような慣習がつくられる。

「アメリカにおいて多数が思想に及ぼす影響力について」

合衆国において、多数（派）の意思が一つの問題について断固として決したとなれば、もはや議論は行なわれない――なぜか――多数が思想の上に及ぼす精神的な力――民主的共和政は専制を物理的でなくする

合衆国において思想の効用とは何か、を検討することになれば、多数（派）の力が、現在ヨーロッパで知られているすべての力をいかなる点で超えているか、きわめて明らかになる。

思想は目に見えぬ、ほとんどとらえがたい力であり、すべての圧制をなぶりものにする。今日、ヨーロッパの最も絶対（主義）的な主権者たちも、その権威に抗う思想が国内に内密に流布し、宮廷の中にまで及ぶのを禁止しえまい。アメリカでは事情が異なる。多数が疑念をいだいているかぎり、論議があるが、しかしいったん断固として多数が意見を表明すれば、各人は沈黙する。そして敵味方ともに多数意見に付和するかに見える。その理由は簡単である。社会のすべての力をその手に握り、もろもろの抵抗を打ち破りうるほどに絶対的な君主はいない。法律をつくり、それを執行する権利を身につけている多数（派）のようにはいかないのである。

さらに、君主の物理的強制力は、行為に対して発動するが、意思にまでは及びえない。しかし、多数は物理的であるとともに精神的な力を身にまとっており、それによって行為と同様に意思に対しても影響を及ぼし、作為と同時に作為の欲望も禁圧されるのである。

アメリカほど一般に、自主独立の精神と真の言論の自由と（が支配すること）の少ない国を私は知らない。およそ宗教または政治の理論で、ヨーロッパの立憲国家において自由に説かれえないものはなく、また他の体制の国にも、それは必ず浸透していく。唯一の権力に屈服していて、真理を語りたいと思うものがその独立（の行動）から生じる危険に対して身を守ってくれる支えを見出しえない、そんな国はヨーロッパにはないからである。不幸にも絶対政の下にある場合には、しばしば人民が味方してくれる。自由な国家に生きる場合には、必要があれば王権の庇護をうけることができる。民主国においては、その社会のアリストクラティックな部分が支持してくれるし、他の国ではデモクラティックな勢力が支持する。しかし、合衆国のような構造のデモクラシーにあっては、唯一の権威しかなく、また力と成功との源泉もただ一つで、それ以外には何もない。

アメリカでは、多数が思想にきびしい枠をはめている。その範囲内では、文筆にたずさわるものは自由であるが、あえてそれからはずれようとすると災難である。火あぶりの刑の恐れはないが、あらゆる種類の不快と、日々の迫害との的となる。政界での活躍の途は封じられる。それを開きうる唯一の権威を傷つけたからである。名声にいたるまで、すべてのものが拒まれる。その意見を公表するまでは味方がいると信じていたのに、すべての前に自己を明らかにしたいまでは、もはや味方はいないかに見える。非難する人々の声は高く、見解を同じくする人々は、それを公表する勇気に欠け、沈黙して遠ざかるからである。彼は譲歩し、そしてついには日々の圧力に身を屈し、あたかも真理を語ったのを悔いるかのように、沈黙にかえる。

鉄鎖と死刑執行人、これが往時の圧制の粗野な用具であった。(君主) 専制に、もはや何も学ぶ必要がないかに見えていたのであるが、今日では文明によって専制までが完璧《かんぺき》になった。君主は暴力を、いわば物理的に (使用) した。(これに対し) 今日の民主的共和政は、みずからが抑制したいと思う人間の意思が理知的になるのとひとしく、暴力を知能的にした。個人の絶対支配、すなわち、専制は、人の魂にまで立ち入るために、肉体にはげしい打撃を加えた。魂はその打撃を逃れて、肉体を超えて輝かしく高揚した。しかし、民主的共和政では、圧制の過程はこれと全く違う。肉体を措《お》いて、直接、魂に向かう。主人は「私と同じに考えろ。でなければ殺されるよ」とはもういわない。「おまえが私と同じ考えでないのは自由だ。生命にも、財産にも、すべてに異状は生じない。しかし、私に楯ついたその日から、おまえは異邦人だ。市民としての特権が依然としてあるが、そんなものは無用になる。選挙において同胞の支持を求めても、誰もおまえを支持はすまい。自分を認めてくれるだけでよいといっても、同胞は口実をもうけて拒むだろう。おまえは社会には住むが、人としての権利を失うであろう。仲間に近づこうとしても、仲間は何かけがらわしいものかのようにおまえを避けるだろう。無実を信じる人々でさえ、おまえを見捨てるだろう。さもないと、今度は自分が忌避されるから。安心して行け。[2]おまえの命はとらぬが、その日々は死よりも辛いことだろう」という。

絶対君主政は専制を不名誉にした。民主的共和政がそれを復権させ、少数の人々にはこれを重い負担とする一方、大多数の眼には、その忌むべき堕落の様相をおおいかくす。そんなことにならぬよう注意しよう。

旧世界の最も誇り高い国々では、同時代人の道徳的な欠陥と滑稽《こっけい》な言動とをありのままに描くような著作が公刊された。ラ・ブリュイエール[3]が大貴族の章を書いたときには、ルイ十四世の宮廷に住んでいた。モリエールは廷臣の前で演じられた劇の中で宮廷を批判した。しかし、合衆国を支配する力は、このような戯れを決して望まない。わずかの非難にさえ傷つき、少しでも痛いところをつかれると猛り立つ。言葉つきから最も堅固な志操に至るまで、すべてを称讃しなければばならぬ。すべての作家は、その名声がいかに高くとも、同胞市民を称える義務から免れることができない。多数は常に自讃の中に生きている。異国人または経験のみがアメリカ人の耳に真実を達させうるのである。

アメリカが偉大な作家をいまだもたないとして、その理由はほかでもない。精神の自由がなくては文学の天才は存在しえない。その精神の自由がアメリカにはないからである。宗教審問はスペインにおいて、国民の大多数の宗教に反する書物の流布を禁じえたことがなかった。多数(派)の支配は合衆国において、(スペインの)それよりも成功し、そのような著作を公表する考えまでも奪っている。合衆国においても、信仰をもたない人に出会うが、無信仰は、いわば発表の機関をもたない。放縦な書物の著者を告発して、習俗を保護しようと努める政府がある。合衆国においては、この種の著作によって告発されるものはない。しかし、誰もそんなものを書く気にはならない。すべての市民が美俗の権化であるのではなく、多数が正常なのである。

この場合、権力の行使は疑いもなく巧みである。しかし、私のいおうとするところは権力自体の性質にかかわる。この抗いがたい力は持続的な事実であり、その使用に弊害がないのは偶然にすぎない。

「多数の圧制がアメリカ人の国民的性格に及ぼす影響、合衆国における廷臣的（追従の）精神について」

多数の圧制の影響は、今日までのところ、社会の運営（政治）によりも習俗に多く感じられる――それによって偉大な人格の発展が止められる――合衆国のような組織をもつ民主的共和政においては、多数の人が廷臣的（追従の）精神構造をもつようになる――合衆国における、この精神の証例――人民の名において支配するものよりも人民（自体）に愛国心が多く見られるのはなぜか

前述の影響は政治社会においていまだ微弱にしか感じられない。しかし、アメリカ人の国民性に及ぼす悲しむべき影響についてはすでに明らかである。今日、すぐれた人物が政治の舞台に登場することの少ないのは、合衆国において多数（派）の専制が、いや増すからである。

アメリカ（独立）革命が勃発すると、偉大な人物が輩出した。当時は世論が人民の意思を指導し、これを制圧しはしなかった。この時代の有名な人々は自由に思想運動に加盟し、彼らにふさわしい偉大さを備えていた。国民に輝かしさを広げ、国民からそれを藉《か》りはしなかった。

絶対政においては、王座に近い大貴族は主人の激情におもねり、その恣意に進んで身を屈する。しかし、国民大衆は隷属に甘んじようとしない。大衆は自分の弱さや習性や無知から身を屈することがしばしばある。ときおりは王室や王を愛しているから服従する。諸国民の中には、君主の

意向のため自分の意思を犠牲にして一種の喜びと誇りとを感じ、服従の中にさえ一種の独立を導き入れたものもある。このような国民には苦悩はあっても、堕落ははるかに少ない。さらに、自分の是認しないことをするのと、自分の行動を是認するふりをするのとの間には大きな差がある。さきのは弱者の態度であるが、あとのは従者の習性に属する。

自由な国家では、程度の差はあれ、各人が国事に関して意見を陳《の》べるように呼びかけがある。民主的共和政では、公的な生活が私生活に絶えず混入し、主権者はすべてから近づきやすく、その耳に達するには声をあげさえすればよい。そのような場合には、主権者の弱点に賭け、その激情によって生活をたてる人々が、絶対君主政の場合よりははるかに多く見られる。これは人間が本性上、他より悪いからではなく、誘惑が他より強く、より多くの人に同時に投げかけられるからである。そこから精神的低落が一般化する結果になりやすい。

民主的共和政では廷臣的（追従の）精神が多くの人々に及び、すべての階級に同時に浸透する。これこそ、民主的共和政に向けられうる主要な非難の一つである。このことは、アメリカの共和政のような組織をもつ民主国について、とりわけ、よく当てはまる。そこでは多数が絶対、不可抗の支配権をもっていて、その布《し》く道すじからはずれたいなどと思えば、ある意味で市民としての権利を奪われ、いわば人間としての資格さえ失わなければならぬということにもなる。

合衆国において政治の途に志そうと競う多くの人々の中で、男らしい率直さと円熟した独自の思想とをもった人にはわずかしか出会えなかった。このような資質は、以前にはアメリカの人々に顕著であり、今日どこでも偉大な人格の特長になっている。一見して、アメリカでは精神がすべて全く同一のモデルに則って形成され、全く同一の途をたどるといえよう。事実、異国人はときおり、厳格な型からはずれたアメリカ人に出会う。そんな人々は法律の弊害を嘆き、デモクラシーがあらゆることに介入するけれども、見識に欠けるという点を遺憾なことだという。そして、しばしば、国民性を悪化させる欠陥にまで言及し、その匡正のために可能な手段を示す。しかし、異国人を除いて、誰も傾聴しはしない。しかも、この秘密の考えを打ち明けるのは異国人にだけで、相手は去っていく人である。進んで真実を吐露しても、そんなものは聞き手には役に立たない。そして公開の場に立てば、（自国の人には）別のことをいうのである。

この叙述が万一アメリカで読まれるようなことになれば、必ず二つの事態が起こる。第一には、読者が声のかぎり私を非難するであろうが、第二には読者の多くが、良心にかんがみ心の奥で私を許すであろう。

私は合衆国において祖国について（人々が）語るのを聞いた。人民の中には真の愛国心があった。しかし、それを国民の指導者に求めても、しばしば徒労に終わった。これは類推によって容易に理解される。専制は、それを課するものより、それに服するものを堕落させるからである。絶対君主政にあっては、王はしばしば偉大な徳をもっているが、その廷臣は常に下劣である。なるほど、アメリカでは、廷臣が「閣下」とか「陛下」とか称して、重大な差別を示すことはいっさいない。しかし、絶えず自分の主人にいかに自然に英知が備わっているかを語る。君主の徳の中で何が最も称讃に値するか、を競って問題にしようとはしない。すべての徳が、獲得されたのでもなく、いわば、それを欲しがったのでもないのに備わっていると確信するからである。その妻や娘をさし出して、君主の寵妾《ちょうしょう》に取り立ててもらおうとはしない。しかし、自己の意見を犠牲にして、みずから身を売るのである。アメリカにおいて、道義や哲理を説く人々は風諭の翼の下に自己の意見を包む必要はないが、悲しむべき真実をあえていう前に次のようにいう。「人民は、人間的弱点をはるかに超えて常に自己の主人でありうる。われわれは、そのような人民に語るのだ、ということを知っている。その徳と知とが、他の人々は知らず、この人々だけを自由ならしめている。そのような人々に語りかけるのでなければ、こんな話し方はしない」と。ルイ十四世におもねった人々も、これ以上にうまくやれたろうか（とてもできなかった）。

私としては、いかなる政治形態の下でも、低劣は暴力に身を寄せ、追従は権力と結ぼうとする、と信じている。人が堕落するのを防ぐ方法は一つしかない。誰にも人を堕落させる最高、無限の権能を与えないことである。

「アメリカ共和政の最大の危険は多数の万能に由来すること」

民主的共和政が衰滅の危険にさらされるのは、その権力の悪用によるのであって、権力が弱体なためではない――アメリカの共和制の政府はヨーロッパの君主制の政府よりも中央集権的であり、精力的である――そこから生ずる危険――この問題に関するマディソンとジェファソンとの意見

政府はふつう、無力によるか、または圧制により崩壊する。前者では権力がその手から漏《も》れるが、あとの場合には権力がもぎとられる。民主制の国家が無政府状態に陥るのを見て、政府が本来、弱くて無力だったのだと、多くの人は考えた。しかし、実は、いったん党派間に闘争が勃発すると、政府が社会に対する影響力を失うのである。私は、民主的な権力に本来、力と策とが欠けているとは思わない。反対に、政府を崩壊させるのはたいていの場合、物理的な力の濫用と方策・資源の悪用とであると信じている。無政府状態は、たいがい、圧制か未熟から生まれるが、無力からではない。

安定を物理的な力と混同したり、巨大なものは持続すると考えてはならぬ。民主的共和政においては、社会を指導する権力[5]は安定しない。しばしばその持ち手と目的とを変えるからである。しかし、それが行使されることになると、その力に抵抗するのはきわめて困難である。アメリカの共和制の政府は、ヨーロッパの絶対君主制の政府と同様に中央集権的で、精力の点ではまさっているように見える。それが弱いから崩れるとは、とても思えない[6]。

万一、アメリカで自由が失われることがあるとすれば、多数の万能が少数（派）を絶望に追い

やり、物理的な力に訴えさせるようになる場合にちがいあるまい。その場合には無政府状態になるであろうが、それは専制の結果として到来する。

（のちの）大統領ジェイムズ・マディソンが同じ考えを述べる〔『ザ・フェデラリスト』第五一篇を参照〕「共和国においては、支配者の圧制から社会を守るだけでなく、当該社会の一部を他の部分の不正から守ることがきわめて重要である。[4] 正義はすべての政府の向かうべき目的である。それこそ社会形成の目的なのである。これを人民は達成されるまで追求したし、今後ともそうするであろう。あるいは、追求は自由の失われるまでつづけられよう。[5] 一つの社会で、より強力な党派が容易に勢力を結集して、より弱い党派を圧迫するようなことがあれば、その下では、自然状態においてと同様、無政府状態が支配するといえよう。自然状態では、より弱い個人は、より強い個人の暴力から護られていない。そして、自然状態でより強い個人さえも、自己の境遇が不確かで不安定なため種々の不都合が生じるから、政府に服する気にさせられ、その政府が弱者をも彼らとともに保護することになるのと同様、無政府状態でも、より強力な党派が、同様な動機から、しだいに強弱を問わず、すべての党派を保護する政府を希求するようになる。ロード・アイランド州が連合から分離されて人民の政府に委ねられ、あの狭い範囲に主権を行使するような事態が起これば、必ずや、権利の行使は、多数の圧制によって非常に不確実になり、人民から全く独立した力が呼び求められるようになるであろう。（しかも）失政を生んだ当の党派が、それに訴えるのに急であろう」

ジェファソンもまたいう。「執行部は、われわれの政府において、唯一の憂慮の対象でもなく、またその主要なものでもなかろう。立法部の圧制こそ、現在最も恐るべき危険であり、将来、多年にわたってこの状態はつづくであろう。執行部の圧制も次いで登場しようが、それは遠い将来のことである」⑦

この問題に関して、私は、何人にもまさってジェファソンを引用するのを好む。彼こそデモクラシーがかつてもった最も有力な使徒と思われるからである。

〔1〕 われわれはすでに連邦憲法の検討（第一部第八章）に際して、連邦憲法の立法者たちが反対の努力をしたことを見た。その結果、連邦政府は、その固有の権限において、各州政府よりも独立的になった。しかし、連邦政府は主として対外関係を管掌するにすぎず、アメリカの社会を実質的に指導するのは各州政府である。

〔2〕 一七八〇年から今日までマサチュセッツ一州で発布された法律が、すでに三巻の大冊になっている。さらに、この法規集は一八二三年に改訂され、古くて、適用の対象がなくなった法律が大量に除かれたことに注意しなければならぬ。さてマサチュセッツ州は、われわれの一県（デパルトマン）ほどの人口しかもたぬが、連邦の中では最も安定した州として通っており、その事跡に最も一貫性があり、英知を示している州である。

〔3〕 一国民が他の国民に力を濫用することはありえない、といいたいものはあるまい。ところで、党派は大きな国家内の小さな国家のように形成され、互いに異国人の関係にある。一国民が他の国民に圧

制的でありうるとすれば、一党が他の党に対して圧制的でありうることをいかにして否定できるか。

〔4〕 一八一二年の（イギリスとの）戦争のとき、多数の専制がもたらしうる行きすぎの顕著な例が、ボルティモアに見られた。この時、戦争はボルティモアにおいて、非常に民衆の支持を得ていた。戦争に強い反対を示した一新聞が、そのために住民の怒りを買った。群衆は印刷機を破壊し、編集者たちの家を襲った。民兵を召集しようと思っても、誰も集まらなかった。公衆の怒りに脅かされる不幸な人々を救うために、その人々を罪人のように監獄に入れることにきめた。この配慮も役に立たなかった。夜の間に再び群衆が集まり、役人は民兵を召集できずに監獄の門を開かされ、編集者の一人がその場で殺され、他は死んだものとして放置された。この犯人たちは陪審にかけられて、釈放された。

私はある日、ペンシルヴェニアの人と次のような問答をした。（まず私が）「クウェーカー教徒によって基礎がつくられ、寛容をもって名高い州で、解放された黒人が市民としての諸権利の行使を許されていないのはなぜかを説明して下さい。彼らは租税を払っています。彼らは投票するのが正しいのではないでしょうか」（と尋ねると、彼は答えていう）「われわれの立法者たちが、そんな正義に反する、寛容でない、ひどい仕打ちをしたと思いこまれるのは、われわれを侮辱するものです」「では、あなたの州では黒人には投票権があるのですね」「もちろん」「それなら、どうしてけさの選挙人会で黒人を一人も見かけなかったのでしょうか」「それは法律の罪ではありません。まさしく黒人は選挙において投票する権利をもっていますが、みずからの意思で棄権するのです」とアメリカ人は私にいう。（そこで私は）「それは彼らとしてまことに謙虚なことですね」「おお、彼らは投票に行くのを拒んでいるからではなくて、行くとひどい目に会いはしないかと恐れているのです。われわれのところでは、法律は多数（派）の支持がないと無力なことが折々あります。さて、多数は黒人に対し非常に大きな偏見に染まっており、役人も、立法者が黒人に与えた権利を保障するだけの力がないと感じているのです」「何ですって。多数は法律をつくる特権をもっている。そしてそのうえ法律に従わない特権までもちたいのですか」

〔5〕権力は一つの合議体に集中されうる。その場合には権力は強大であるが、安定しない。個人にも集中されうる。その場合には弱くはなるが、安定度は増す。

〔6〕この章の他のすべての箇所と同様、多数（派）の専制的行動は、連邦政府についてではなく、各州の各級の政治体について述べているのだと、ここで読者に注意する必要はあるまいと思う。

〔7〕一七八九年三月十五日付、ジェファソンからマディソンに宛てた書簡。

⑴ たとえば第六章を参照。
⑵ 聖書の句。「マルコ福音書」五―三四。
⑶ 十七世紀後半のフランスの作家。ここに言及されているのは『人さまざま』。
⑷ トクヴィルはすぐつづけるが、この間に、原典の省略がある。
⑸ ここでトクヴィルは行を改めるが、原典は連続している。

第八章　合衆国において多数の圧制を緩和するものについて

「行政的集中（制）の欠如」

全国的規模における多数（派）に、すべてを自分の手で行なう考えはない――この多数はタウンとカウンティとの役員を用いて、自己の主権者としての意思を執行させせなければならない

私は前に二種類の集中制を区別し、その一つを政治的、もう一つを行政的と呼んだ。[1] アメリカでは、前者のみがあり、後者はほとんど知られていない。かりにアメリカの社会を指導する権力が、この二種の統治手段を用いうるとし、すべてを支配する権限に加えて、すべてをみずから執行する能力と習性とをあわせもつとする。さらに統治の一般原理を確立したのち、その適用の細部にまで立ち入り、国家の重大な利害を規制したうえ、下って個人の利害にまで介入しうるとす

れば、自由はやがて、この新しい世界から追放されてしまうであろう。しかし合衆国においては、多数がしばしば暴君の趣向と本能とを示すけれども、いまなお圧制のための完璧《かんぺき》な用具をもってはいない。

アメリカの（連邦と州とにわたって見られる）共和制において、中央政府の管掌する事項はきわめて限られている。この少数の事項が重要なので、注目されるわけである。中央政府は社会の二次的な事項の規制を企てたことはない。またそんな欲望をもった兆《きざし》さえ見られない。多数（派）はますます絶対的になっていくが、中央の権力を拡大はしなかった。自己の権限内で全能となっただけである。こうして専制主義は、一点については非常に重圧となりうるが、全般にそれをひろげることはできない。さらに、全国的規模における多数がいかに激情に動かされようと、また、その企図にいかに熱狂しようと、すべての場所で、同様に、そして同時に、すべての市民を自己の欲望の前にひれ伏させることはできまい。この多数を代表する中央政府が最高権者として命令した場合、その命令の執行のためには、しばしば中央政府から全く独立の、常時は指揮できない役員に頼らねばならぬ。タウン、カウンティなどの地方自治体の存在こそ、人民の意思の流れを遅滞、分裂させる暗礁となる。法が圧制的であろうと、自由は法の執行の態様に庇護を見出すであろう。多数は細部の事項、あえていえば、行政的圧制になるような児戯に類することにまでは立ち入りえまい。それが可能とは思いもしない。自己の権能を全面的に意識しはしないからである。多数はいまだ自分に本来そなわる力しか知らず、その限界が、やり方によってどこまでひろげられるかわかっていない。

この点は考慮に値する。合衆国のような民主的共和政をある国に建設しようとし、その国で、個人の権力によって行政的集中制がすでに樹立され、法制上も慣習的にも通用していたとすれば、そのような共和国では、専制主義がヨーロッパのどの絶対君主制より堪えがたいものとなるであろう。私はこういってはばからない。アジアにでも行かねば、これに比肩するものは見られまい。

「合衆国における法曹的精神について、また、それがいかにデモクラシーの平衡を保つに役立つか」

法曹的精神が本能的におもむくところを探求することの効用——生まれ出ようとする社会において大きな役割を果たすべく期待される法曹——どうして、法曹の仕事の様式が、その思想に貴族の性向を与えるのか——その思想の発展に反する事態を生じる偶然的な原因——アリストクラシーに見られる、法曹との結合を容易にする点——専制君主が法曹を利用する可能性——いかにして法曹が、その性質上、デモクラシーに本来そなわる諸要素と結合すべき、唯一のアリストクラティックな要素を形成するか——英米の法曹的精神にアリストクラティックな傾向を与える特殊な原因——アメリカのアリストクラシーは弁護士と裁判官とに見られる——法曹がアメリカの社会に及ぼす影響——どうして法曹的精神が立法部

の中に、さらに行政部に浸透し、ついには人民自体に司法官の本能ともいうべきものを付与するまでに至るのか

アメリカの人々（の国）を訪れ、その法制を研究すれば、すぐに次のことがわかる。それは、法曹に与えられた権威と、法曹が政治に及ぼしえた影響とが、今日デモクラシーの種々の逸脱に対する最も強力な障碍をなしている、ということである。この効果は一つの一般的原因にもとづくものと思われ、探求に値する。他のところでも再び起こる可能性があるからである。

法曹は、ヨーロッパにおいて、過去五百年にわたり、政治社会のすべての運動に参加してきた。ある場合には政治権力に用具として奉仕し、またある場合には政治権力を用具として握ったのである。中世においては、法曹が王の支配を拡張するため、目ざましく協力した。そしてその後は、この王権を制限するために強力にはたらいた。イギリスにおいては、貴族との緊密な提携が見られ、フランスにおいては、貴族の最も危険な敵であることを示した。法曹は、突然で瞬間的な感情の動きにしか左右されないのか、または、状況に従って、多少とも彼らに自然で常に再生する本能に従うのか。この点を私は明らかにしたい。法曹はおそらく、いまや生まれ出ようとしている政治社会（デモクラシー）において、第一級の（重要な）役割を果たすべく期待されているからである。

法律を専門に学んだ人々は、その勉強から秩序を重んずる習性と、形式に従う風儀と、論理の

一貫性に対する一種の本能的な愛情とを汲みとっている。これが彼らを、変革の精神とデモクラシーの無反省な激情とに、当然に強く反対させるのである。

法曹は、法律を学んで身につける独特の見識によって、社会における独自の地位を保証される。彼らは知識人の間で一種の特権的階層を形成する。日々その専門に従うさいに、自己の地位の優越を思いおこさせられる。彼らは（社会に）必要な知識の達人であり、この知識は普及してはいない。市民の間の仲裁者として奉仕し、告訴人の盲目的な激情を目的へと指導する習性は、群集の判断に対する一種の蔑視（の念）をいだかせる。そのうえ、彼らは自然に一つの集団をなすのである。相互に理解しあい、一体となって同一の目的に向から、というのではない。同じ学問を修め、方法上の一致があるから、その精神が相互をつなぐのであって、これは利害がその意思を結合させる可能性をもつのと同様である。

法曹の心の奥には貴族の趣味と習性との一部がひそんでいるのである。貴族と同様、秩序に対する本能的な傾斜と形式に対する自然な愛好とがある。また同様に、大勢の行動に対しては大いに不興を感じ、人民の政治をひそかに蔑視する。法曹に自然な、この性向が非常に強くて、抗いがたい束縛となるほどだといいたいのでは毛頭ない。すべての人と同様、法曹に支配的なのは個別の利益であり、とくに当面の利益である。

ある社会では、法曹が、その私的生活において占める地位に類似した地位を政治の世界にもちえないことがある。このような構造の社会では、法曹が革命の最も積極的な推進者であるに相違ない。しかし、そのとき破壊と変革とに導く原因が、彼らに恒常的な性格から生まれたものか、偶然かを探求しなければならぬ。たしかに、法曹は一七八九年、フランス王制を顚覆《てんぷく》するにあずかってとくに力があった。しかし、この行動が法律を学んだため（に起こされたの）か、法の制定に参与しえなかったからか、なお問題である。

五百年このかた、イギリスの貴族は人民の先頭に立ち、人民の名において発言してきた。今日では王室を支持し、王権のチャンピオンになっている。しかし、その固有の本能と性向とは保持している。集団の個々のメンバーを集団自体と混同しないよう警戒する必要がある。すべての自由な政体において、その形態のいかんを問わず、法曹が各党派の首脳の地位にあるであろう。貴族についても同じことがいえる。世界を騒がした民主化の運動のほとんどすべては貴族によって指導されたのである。エリートの集団は、内蔵するすべての野心を決して満足させえない。常に活用されえない才能と情熱とがあり、多くの人が集団の特権（の擁護）に奉仕していては急速に頭角をあらわしえないので、その特権を攻撃して名をなそうとする。このような事例には決して こと欠かない。

私は、ある時節が到来すればすべての法曹が秩序の友で変革の敵となるとも、また、常に大多数の法曹がそうなるとも、主張するつもりは毛頭ない。法曹が彼らに当然の高い地位を異議なく占めている社会では、その精神はすぐれて保守的であり、反民主的な性格を示すであろうというのである。貴族が法曹をその列に迎え入れるのを拒めば、それが危険な敵とすぐにわかる。富と権力とにおいては下位にあるが、業績によって貴族から独立しており、見識においては同等と感じているから、ますます危険なのである。しかし、貴族がその特権の一部を法曹と分かとうとしたときにはいつでも、この二つの階層には結合をきわめて容易にするものがあり、お互いにいわば同一の家族に属していた。

また私は、王が法曹をいつでも容易に王権に最も役立つ用具にしうるであろう、と信ずるようになっている。法曹と執行権との間には、法曹と人民との間よりもきわめて大きい自然な親近性がある。法曹がしばしば政府を顛覆したとしても、そうだといえる。同様に、貴族と王との間には、貴族と人民との間よりも自然な親しみがある。社会の上層は、しばしば他の階層と結合して王権と闘ったにもかかわらず、そうなのである。

法曹が何よりも好むのは秩序ある生活で、秩序の最大の保障は権威である。さらに、法曹にとって、自由が尊重されるにしても、一般に合法性より下位に置かれることを忘れてはならぬ。圧制より恣意を恐れ、立法者自身が人々から独立を奪おうと企てても、法曹にはほとんど不満はない。

ゆえに、君主がデモクラシーの侵入に当面して、領内の司法権を侵害し、法曹の政治的影響力をそごうとすれば、重大な誤りを犯すことになろう、と私は思う。君主は権威の亡霊をつかむために、その実質を失うであろう。また、法曹を政府に導入するのが、彼により有利であったと信じて疑わない。専制主義を暴力（支配）の形で法曹に委ねたのちに、たぶん正義と法との体裁をそれに整えて返してもらえるのである。
民主政は、法曹が政治に力をもつのを有望にする。富めるもの、貴族および王が政治から除外されると、法曹が、いわば全権をもって登場する。このさい彼らだけが人民の人民以外から選びうる開明、練達の士であるからである。法曹は、その趣向から自然に貴族と君主とに傾くとしても、利害からは、また自然に人民の側につくのである。こうして法曹は民主政を好むが、その趣向を分かちもせず、弱点を模倣もしない。これが（法曹が）デモクラシーによって強力となり、しかもその上に立つ、という二重の原因である。デモクラシーにおいて、人民は法曹を決して無視しない。彼らの利益がデモクラシーに奉仕するにある、と知っているからである。人民は法曹に怒ることとなく耳を傾ける。彼らに底意があろうとは考えないからである。実際、法曹はデモクラシーのもたらす政府を顚覆したいとは夢にも思わないが、それをデモクラシーにはない一つの傾向に従い、これに無縁な方法によって指導しようと、絶えず努力するのである。彼らは、その利益と出身とによって人民に属し、その習性と趣向とにおいては貴族である。人民と貴族との間の自然の連絡役のようなものであり、両者を結ぶ輪とも見られる。

法曹集団はデモクラシーにおける唯一のアリストクラティックな要素でありながら、デモクラシー本来の諸要素と何の苦もなく融《と》け合い、その結びつきは幸福で永続的なものになりうる。法曹的精神に内在する諸欠陥を無視するのではないが、これがデモクラシーの精神に混ざらないと、民主政は長期にわたって社会を支配しうるかどうか疑わしい。法曹の影響力が人民の権力と均衡して増大しなければ、いまの時代に共和政が存続を期待できるとは信じえない。

法曹的精神に私はアリストクラティックな性格を認めるが、この性格は、イギリスとアメリカとにおいて他のどこよりも顕著である。これはイギリスとアメリカの法曹が行なう法の研究によるばかりでなく、立法の性質自体と、両国民のもとで立法の解釈者が占める地位とにもよる。イギリスとアメリカの人々は慣習法を維持してきた。すなわち、その父祖の法的見解と判決とから、法律問題に関する意見と行なうべき判決とを汲みとりつづけている。イギリス人であれアメリカ人であれ、法曹にとっては、旧きものに対する趣向と尊敬とが、規則的、合法的なものに対する愛着とほとんど常に結びついている。

このことは法曹的精神の展開と、その結果として起こる社会の進展とに、もう一つの影響をもつ。イギリスまたはアメリカの法曹はすでになされた行為を探求し、フランスの法曹はしたいと思うべきであったところを追求する。前者は判決を、後者は理由を欲する。英米の法曹の弁論を聞くと、他人の意見をしばしば引用しながら自分の見解を述べることがほとんどないのに驚くが、われわれの間（フランス）では事態はその反対である。フランスの弁護士は、いかに小さな事件を取り扱うにも、自己の理論の全体系をもちこまないと承知しない。争われている不動産の境界を裁判所にわずかでも後退させてもらおうと、法の構成原理にまで立ち入って論ずる。英米の法曹が父祖の意見に立ちかえるために、自己の見解をこのように犠牲にすること、そして自己の思想をこのように従属の地位におかねばならない点から、英米ではフランスにおいてよりも、法曹の精神が怯懦《きょうだ》の習性をもち、停滞的な傾向を帯びるようになる。

われわれ（フランス）の成文法はしばしば理解しがたいが、誰でも読むことができる。反対に、先例にもとづく立法ほど、無学のものにとって不明瞭で理解できないものはない。英米において法曹を必要とするこの事態、およびその見識について表わされる高い評価と尊敬とが、法曹をしだいに人民から区別し、ついには格別の階層とするようになる。フランスの法曹は学者にすぎぬが、英米の法曹は、ある意味でエジプトの司祭に似ている。彼らと同様、神秘な教えの唯一の解釈者なのである。

法曹が英米において占める地位も、その習性と意見に、以上に劣らず重大な影響を与える。イギリスの貴族制は、その中に、自分と自然に似かよう、すべてのものを引きこむように配慮したが、そのために法曹も非常に大きな尊敬と権力とにあずかっている。イギリスの社会では、法曹は最上位にはないが、その地位を満足に思っている。彼らはイギリス貴族層の分家を形成し、本家のすべての特権を分かちもたないながら、これを愛し敬う。イギリスの法曹は彼らの職業がもつ貴族的利害に、その住む社会のもっている貴族的観念や趣味を混ぜ合わせている。

また、私が描こうとした法曹の像が明らかに見られるのも、とりわけイギリスにおいてである。イギリスの法曹は法律を尊重するが、それは法律がよいからというより、古いからである。時勢が社会に及ぼした変化に適応するために法の部分的な改正が避けられないとわかれば、父祖の業績に付加してその思想を発展させ、事業を完成させるだけだと自己を納得させるために、とても信じられないような微妙な手段に訴える。彼に改革者であることを認めさせようと思ってはならない。そんな大罪を犯したと告白するくらいなら、どんな馬鹿げたことでもするであろう。法の文言にのみ注目して事象の根底に関心を払わぬかに見え、法から離れるくらいなら理性と人間性とを無視しようという合法の精神、それが生まれたのはイギリスにおいてである。イギリスの立法は、木にたとえれば、法曹が最も無縁な若芽を絶えず接木していった古木である。種々の実を結べば、少なくとも葉ぶりと、それを支える古い幹とが混同されるであろうと期待して、こんなものができあがったのである。

アメリカには貴族もいなければ、文人もいない。そして人民は富豪を軽視する。法曹こそ最高の政治的階層であり、社会の最も有識な部分である。だから、彼らは改革によって失うばかりである。こうして、法曹にとって自然な、秩序に対する趣向に保守への関心が加わるのである。アメリカのアリストクラシーはどこにあるかと尋ねられれば、何の共通の紐帯ももたぬ富豪の間にはない、と私はためらうこともなく答えるであろう。アメリカの貴族というべきものは弁護士の席と裁判官の席とにいる。

合衆国の事態に考察を深めると、法曹集団が、この国において、デモクラシーに対する最も強力な、いわば唯一の対抗力であるという確信をますます強める。合衆国においてこそ、法曹的精神が、その資質によって、そしてまた、その欠陥によってもとさえいえようが、人民の政治に内在する害悪を中和するのにいかに適しているか、何の苦もなくわかる。アメリカで、人民が情熱に酔い、観念の誘惑に身を委ねるような事態が起こると、法曹がほとんど目に見えない歯止めをかけ、彼らを穏健にし停止させる。人民の民主（平等）的な本能に、法曹は貴族的な傾向をひそかに対置する。新奇を好む風には、旧きものに対する迷信ともいうべき尊敬を、雄大な構想には微視的な見解を、法規の蔑視には形式をふむ趣向を、その血気には徐行の習性を対置するのである。

裁判所は、法曹集団がデモクラシーに作用するために用いる最も可視的な機関である。裁判官は一個の法曹であり、法の研究から身につけた、秩序と規律とに対する趣向とは独立に、職務から罷免《ひめん》されることがないため安定を好むようになっている。彼の法に対する見識はすでに同輩の間に高い地位を保障した。その政治上の権能によって、彼は格別の地位に置かれ、特権階級の本能をもつようになる。

法律の違憲審査権によって、アメリカの司法官は絶えず政治に介入する。[1] 人民に法律の制定を強制はできないが、少なくとも（人民）自身のつくった法律に忠実でなくてはならぬようにし、また自己矛盾を来たさないようにさせる。合衆国には、人民を司法権の縮小におもむかせる隠れた傾向があるのを無視するのではない。大半の州憲法において、両院の要求にもとづいて、政府は裁判官からその職を奪うことができる。いくつかの州では裁判所の構成員が選挙され、しかも頻繁《ひんぱん》に再選（の試練）に服させられる。私はあえて予言する。このような革新は早晩いまわしい結果を生じ、司法官の独立を縮小して、司法権を攻撃したばかりでなく、民主的共和政自体をも害することになったと（人々が）気づく日があろう。

また、合衆国において、法曹的精神が裁判所の中にだけ閉じこめられていると信じてはならない。その外にもひろがっているのである。法曹は、人民が侮らない唯一の有識層を形成しているから、自然、公職の大半を担当するよう任命される。立法部を満たし、行政の首長となる。彼らは法の制定と執行とに重大な影響を及ぼす。法曹は、彼らを引きこむ世論の潮に譲歩しなければならぬけれども、しかし、彼らが自由であった場合の行動の仕方を示す手がかりを見出すのはたやすい。アメリカの人々は、公法に多くの革新を行なったが、私法の分野では、法律の中に社会の状態にとって非常にふさわしくないものがいくらかあっても、わずかな変更しか行なわなかったし、それをするにもたいへんな苦労をしたのである。私法の問題では、つねづね多数（派）が法曹の手を藉《か》りなければならないからであり、アメリカの法曹は、自己の意見に任せられれば、決して革新を行なわない。

合衆国において、法曹が変化を求めぬ精神と、確立されたものに好意的な偏見とをもつという不平を聞くのは、フランス人にはまことに奇妙である。

法曹的精神の影響は、以上に描いた明確な境界を越えてさらにひろがる。合衆国においては、政治問題で、早晩、法律問題として解決されないようなものはほとんどない。そこから、諸党派が日々の論争において、裁判に観念と用語とを藉りなければならない事情が生じる。政治家の大多数は、法曹であるか、かつて法曹であった人々であるから、問題の処理に当たって彼らに固有の慣行や観念の系列を通用させる。陪審がすべての階層を、これになじませるようにする。こうして、裁判の用語が、ある意味で通俗の用語になる。法曹的精神は学校と裁判所との中から生まれて、しだいにそこを超えてひろがる。いわば社会全体に浸透し、最下層にまで降り、ついには人民全体が司法官の習性と趣向との一部に染まるようになる。法曹は、合衆国において一個の権力であるが、人はあまりこれを恐れず、ほとんど意識もしない。またこの権力は自分の旗印をもたず、時勢に対応する柔軟性があり、社会のすべての運動に対して抵抗もしない。しかし、それは社会全体を包み、社会を構成する各階層に浸透し、ひそかにはたらきかけ、知らぬ間に絶えず作用し、ついには、その願望に従って社会を穏健化するようになるのである。

「政治制度として見た合衆国の陪審について」

陪審は人民主権の一つの態様であるが、この主権を確立する他の諸法と関連させねばならぬ――合衆国における陪審の構成――陪審が国民性に及ぼす効果――陪審が人民に与える教育――いかにして陪審が司法官の影響力を確立し、法曹的精神を普及する傾向をもつか私の主題から当然に合衆国の司法について語ることになったが、これを問題とする以上、陪審（の問題）と取り組まずにすませるわけにはゆくまい。陪審においては次の二つを区別しなければならぬ。その司法制度の面と政治制度の面とである。陪審、とくに私法事件における陪審が、どこまで司法行政に役立つかを知るのが問題ならば、その効用に関しては争いがある、といわねばなるまい。陪審の制度は未開の社会に生まれ、そこでは法廷に単純な事実問題（の判定）だけを付託した。それで、文明人の要求にこの制度を適応させるのは容易な業《わざ》ではない。文明社会では人間関係がとくに多様化し、知的、思想的な性格をもつようになったからである。[2]

いま、私の主要な目的は陪審の政治的側面を描くにある。他の途をとれば、主題からはずれることになろう。司法手段としての陪審については、二つだけいっておこう。イギリス人は、陪審の制度を採用したとき、なかば野蛮の民であった。それ以来、彼らは地球上で最も開明された国民の一つとなり、陪審に対する愛着は、その開化とともに増すように見えた。彼らは自国を出て、世界にひろがっていった。あるいは植民地をつくり、あるいは独立の国家を形成した。国民の基幹は国王をいただきつづけた。移民のあるものは強力な共和国を築いた。しかしどこにあっても、イギリス人はみな陪審の制度を好んだ。[3]どこでも陪審制が樹立されるか、これを再建するのに急であった。一つの司法制度を、偉大な一国民が数世紀の長きにわたって選びとり、文明のすべての時期に、あらゆる風土において、すべての政治形態の下で、熱情をもって再生産してきた。それが正義の精神に反するものであろうはずがない。[4]

しかし、この問題はこれまでにしよう。陪審を司法の一制度として描くだけにとどまれば、視座をことさら限ることになろう。たとえ陪審が訴訟の運命に重大な影響をもつとしても、それにもまして大きな影響が（陪審によって）社会の行路自体に及ぶからである。陪審こそ、すぐれて政治的な制度である。まさにこの観点に立って、常に陪審（の意義）を判定しなければならぬ。

ここに陪審とは、任意に選ばれた一定数の市民で、その時だけ一時的に裁定の権利をもつものをいう。

陪審を犯罪の抑圧に使うのは、政治にすぐれて共和的な制度を導入することのように思われる。以下にその理由をあげる。陪審の制度は、陪審員の選ばれる階層のいかんによって、貴族的でも民主的でもありうる。しかし、この制度には常に共和的な性格が保たれている。社会の実際の統制を被治者またはその一部に委ね、治者の一部に行なわせるのではないからである。実力（行使）は（政治における）成功の過渡的な一要因以上のものではなく、それに踵《きびす》を接して法の観念が登場する。戦場でしか敵と相見《まみ》ええない政府は、まもなく打ち破られよう。政治に関する法の真の支えは刑事法の中に見出される。この支えがなければ、おそかれ早かれ法はその力を失う。刑事犯（の事件）を裁くものこそ真に社会の主人である。それであるのに陪審の制度は、人民自体、少なくとも市民の一階層を審判者の座につける。陪審の制度こそ真に社会の統制を人民またはこの一階層の手に委ねるものである。[5]

イギリスにおいては、陪審員が国民のうち、貴族的な部分から調達される。貴族は法をつくり、それを適用し、その侵犯を裁くのである。[6] すべてが一致する。だからイギリスには真に貴族的共和制ができている。合衆国では同じ（制度の）体系が人民全体に適用されている。アメリカの各市民は選挙権と被選挙権とをもち、陪審員でもある。[7] アメリカに行なわれているような陪審制は、普通選挙権（の制度）と同様に、人民主権のドグマの直接で極端な一つの結果であるように見える。多数支配の方法として、二つとも等しく強力である。主権者であって、その権力の根源を自分の中から引き出し、（社会の）自治に委ねないで社会を統制したいと思うものはみな、陪審の制度を破壊するか、弱体化するかする。テューダー王朝では、有罪を宣したくない陪審員を牢獄に送ったし、ナポレオンは陪審員を自分の手先に選ばせた。

　以上に述べたことの正しさが大半は明らかであっても、すべての人がそれを納得しているのではなく、われわれの間には、なおしばしば、陪審の制度について混乱した観念しかないように見える。陪審員名簿の構成に、どのような要素が必要かを問題にしようとすると、陪審に参加する人の知識や能力を論ずるにとどまって、あたかも裁判制度を論議するかのようである。ほんとうのところ、そんな点の論議は問題の最も瑣末《さまつ》な部分にかかずらうものと私には思える。陪審は何よりもまず政治的な制度で、人民主権の一つの態様として考察さるべきである。人民主権を排斥するさいには、全面的にこれを拒否しなければならぬ。また（これを認めるには）人民主権を確立する他の諸法と関連させなければならない。陪審とは、国民の一部が法の執行を確実にする任を負うものであり、議会が国民の一部として立法の任に当たるのと同様である。そして、社会が一定の、一様な方式で統治されるために、陪審員の名簿は選挙人名簿とともに拡大され、また縮小される必要がある。私見によれば、これこそ立法者の主要な注意を常に喚起すべき見地なのである。その他のことは付随的といえよう。

私は、陪審が何よりも政治的な制度であると確信するので、民事に適用される場合でも、それとして考察する。法は、習俗に支えられないかぎり、常に脆弱である。習俗は、一国民にとって唯一の抵抗の力であり、持久の力である。陪審が刑事事件に限られる場合、人民はその作用を遠くから、個別の事件について見るだけである。それを日常生活にはかかわりないものと見ることに慣れ、正義を獲得する一つの方法と考えて、唯一の方法とは見ない。[8]

逆に、陪審が民事事件にまでひろげられると、その適用は常時、人々の目をひく。それはすべての利害にふれ、各人がその作用に協力するようになる。こうして陪審は生活の慣行にまで浸透する。人の思考をその形式に合わせて、いわば正義の観念とさえ合致させるのである。

それゆえ、陪審の制度が刑事事件に限られる場合には、常に危険に瀕している。ひとたび民事の案件に導入されると、この制度は時（の経過）と人の介入とを無視して持続する。もし陪審が、法の改廃と同様に容易にイギリスの習俗から払拭されえたならば、テューダー王朝の下で全く無力化したであろう。イギリスの自由を真に救ったのは民事陪審である。陪審は、どのように適用されるにせよ、国民性に重大な影響を及ぼさずにはいない。しかし、その影響は、それが民事の案件に導入されるのが早いほど極度に大きくなる。

陪審、とくに民事陪審は、すべての市民の心に裁判官の心の習性を一部もたせる役をする。これらの習性こそ人民を自由にしておくための最善の準備である。陪審はすべての階級に裁判の結果を尊重させ、権利の観念を普及させる。この二点がないと、独立への愛着はもはや破壊的な激情にすぎないであろう。また、それは公平を実地に教える。おのおのは、隣人を裁くに当たって、次には自分が裁かれることもありうると考える。民事陪審に関して事態はそのとおりなのである。いつかは刑事訴追の対象となるという恐れは誰にもほとんどないが、すべての人に裁判にかかわり合う可能性はある。

陪審は各人に、自分の行為の責任にひるむな、と教える。男らしい態度、それがなくては、政治的に立派ではありえない。それは各市民を一種の司法官の職につける。社会に対して果たすべき義務があるとすべての人に感じさせ、また政治に参与するのだとも感じさせる。陪審は人々をその私事以外のことにかかわらせて、個人の利己主義と闘う。利己主義は社会の錆《さび》である。

陪審は、人民の判断力を形成し、知能を拡充するのに信じがたいほど貢献する。私の見解によれば、この点にこそ最大の長所がある。無料で常時開設の学校、そこで陪審員は、おのおの自己の権利についてみずから学び、上層階級の中でも最高の教育をうけ最も見識のある人々と日々接し、法を実際的な方法で教わり、弁護士の努力、判事の意見、当事者の熱情さえもが、法を自分に理解のできるものにしてくれる。そのように陪審を考えるべきである。アメリカ人の実学的な知性と政治的良識とは、主として、民事陪審によって長らく培《つちか》われたものとしなければならない、と私は考える。

陪審は訴訟するものに役立つかどうかわからないが、その裁定にあずかるものには、たしかにきわめて有用である。私は、これを人民の教育に役立つ最も有効な方法の一つと見なす。

以上に述べたところはすべての国民に妥当する。しかし、ここにアメリカの人々に独特のもの、そしてデモクラシーの人民一般に通ずる事情がある。デモクラシーにおいては、法曹、なかでも司法官が、人民の動きを穏健にしうる唯一のアリストクラティックな集団を形成すると前（節）に述べた。この貴族（というべきもの）は何ら物的な権力をまとわず、その影響は人の精神に及ぶのみである。そして、この力の主要な源泉を民事陪審に見出している。刑事訴訟では社会が個人に対して争うが、そのさいに陪審員団は、判事とは社会の力を受け身に示すものと見るようになり、その意見を無視する。さらに、刑事訴訟は全面的に、良識があれば容易に評価されるような簡単な事実にもとづいている。この領域では、判事も陪審員も同等である。民事訴訟においては状況が異なる。判事は、当事者の激情の間に立つ公平な仲裁者として現われる。陪審員は彼の言動に信頼し、その意見を傾聴する。この場合には、判事の知見が全く、陪審員にまさっているからである。彼らの前に、記憶するのに骨の折れる多様な議論を展開するのは判事であり、また、訴訟の迂路を乗り越えていくのに手をかすのも彼である、事実の点で範囲を区切り、権利の問題で出すべき解答を教えるのも、そうである。その影響たるや、ほとんど無限といえよう。

最後に、陪審員は民事においては無能という議論、これに私があまり動かされない理由をいわなければなるまいか（そうしよう）。民事訴訟においては、事実問題に関しない場合は少なくともすべて、陪審員団は司法機関の外見をもつにすぎない。陪審員は判事が下した判決を発表する。彼らが代表する社会の権威を判決に付与するのであり、それは理性と法との権威である。[9]

イギリスとアメリカとにおいて、判事が刑事訴訟の運命に及ぼす影響には、フランスの判事のかつて知らぬものがある。この差異の生ずる理由は容易に理解できる。イギリスまたはアメリカの裁判官は民事において権威を確立し、次いでそれを他の場面で行使するにすぎぬ。刑事においては何かを獲得するのではない。アメリカの判事は、単独で判決できる場合がいくつかあり、それは、しばしば最も重要なものである。[10] そのさいには、たまたまフランスの判事が通例おかれる（のと同じ）立場にある。しかし、彼の道徳的権能ははるかに大きい。陪審の思い出が彼に付随し、陪審は社会の一機関であるから、彼の声には社会の力とほとんど等しい力がある。彼の影響は法廷の外にまでひろがる。多忙な政治活動においても、私生活の憩いにも、立法の府においても、市の広場でも、アメリカの判事は絶えず人々に取り巻かれている。そして、この人々は、判事の知性には自分たちよりすぐれたものがあると見ることになれている。訴訟で影響力を行使したあとでも、その権威を事件の裁定に協力した人々の心のすべての習性、そして魂にまで感じさせるのである。

陪審は司法職の権能を縮小するかに思われるが、実は、その権威を基礎づけるのである。人民が司法官の特権を分かちもつところほど、裁判官が強力な国はない。アメリカの司法が私のいう法曹的精神を社会の底辺にまで浸透させるのは、何よりも民事陪審によってである。また、陪審は人民の支配を確立する最も強力な方法であるが、同時に人民に支配する術《すべ》を教える最も有効な方法でもある。

〔1〕 第一部の司法権に関する叙述（第六章）を参照せよ（トクヴィルは、イギリスとフランスとを対比して、違憲立法審査権が、限られてはいるが、立法部の圧制に対する強力な防壁になっている、と述べている）。

〔2〕 陪審を司法制度として考察し、それが合衆国において生んだ結果を評価し、アメリカの人々がいかにこれを利用しているかを調査するのも有益で、興味があろう。この問題の検討は、それだけで一冊の書物の主題となりうるし、またフランスにとって興味のある書物の主題となりえよう。たとえば、陪審に関するアメリカの制度をわが国に導入しうるか、いかなる順序によってなしうるか、を研究できよう。アメリカの州で、この問題の解明に最も役に立つと思われるのはルイジアナであろう。ルイジアナはフランス人とイギリス人とから構成されている。そこには二つの法体系が、二つの国家のように存在し、それが（人口と同様）しだいに融合しつつある。最も有用な参考文献はルイジアナの法規集二巻であろう。『ルイジアナ法規撮要』という題がついている。なおまた、（英仏）両国語によって書かれた民事訴訟法の教科書『民事訴訟法論』（一八三〇年、ニュー・オーリアンス、ビュッソン社刊行）がいっそうよかろう。この本の特徴は、フランス人にイギリスの法律用語を的確に説明する点にある。法律用語は、どこの国でも特別の言葉であり、イギリスでは、他国に比べてとくにそうである。

〔3〕英米の法曹はすべて、この点について見解を一にする。合衆国最高裁判所判事ストーリー氏は、その著『合衆国憲法釈義』において、民事陪審の制度がすぐれていることを再説している。「民事事件において陪審による裁判がもつ特別の恩恵ははかりしれないほど大きく、刑事においてとほとんど劣らず、万人により、政治的、市民的自由に不可欠であると評価されている」（著者は英文のまま引用）と彼はいう〔ストーリー、第三篇第三八章〕。

〔4〕司法制度としての陪審の効用を確定しようと思うならば、他にも多く論ずべきものがあろう。なかでも次のような点があげられよう。

陪審員を訴訟事件に導入すれば、それだけ判事の数を減じても不都合がなくなる。判事が非常に多いと、日々、死亡によって司法の階統に空隙が生じ、残存者に新しい地位が開かれる。司法官の野心は絶えず刺激され、そのために、司法官はおのずと、多数（派）または空席の任命権をもつ人に依拠するようになる。そうなると、司法部における昇進は軍隊において位があがるのと同じになる。このような状態では、司法の円滑な運営も全然できないし、また立法者の意図にも全く反する。判事たちには、彼らが自由であるために身分の保障が望まれるが、みずから進んで独立を犠牲にするのなら、彼らから独立を奪うべからず、といっても何にもならない。

判事が非常に多いと、その中に無能なものが多くなるのは避けがたい。偉い判事は凡人ではないからである。裁判所を設立するに当たって唱えられる目的にかんがみ、生半可な見識をもつ法廷が最悪の取り合わせであるか否かは知らない（おそらく最悪に近いであろう）。私としては、陪審員が無知でも、練達な判事の指導によって彼らに事件を裁定させるほうが、法律学にも法律にも不完全な知識しかないものが多数を占めるような判事たちに裁判を委ねるよりも好ましい。

〔5〕　しかし、次のような重要な指摘をしておかねばならぬ。なるほど、陪審の制度は、人民に市民の行為を規制する概括的な権利を与えるが、すべての場合について規制を行なう手段を与えるのでもなければ、この規制が常に圧制的な方法で行使されるわけでもない。

　絶対君主が自己の代表者に犯罪を裁かせる権能をもつと、被告の運命は、いわばあらかじめ決定されているようなものである。しかし、人民が有罪にしようと考えをきめても、陪審員の構成と陪審員の無責任とから、なお無罪となるチャンスがあろう。

〔6〕　一八三二年に改革法が通過するまでは、カウンティの選挙権をもつもの〔土地所有を代表するもの〕たるには、純収入が四〇シリングある土地の自由保有権、または終世借地権をもっている必要があった。この法律は、ヘンリー六世の治下、一四五〇年ころに制定された。ヘンリー六世時代の四〇シリングは、今日の三〇ポンドに当たろうと思われる。しかし、この十五世紀に採用された基準が一八三二年まで据えおかれていた。これはイギリスの憲法が、不動と見えながら時とともに民主化されてきたことを示すものである。ド・ロルムの著書（『イギリス憲法論』）第一巻第一三章参照。またブラックストーンの著書（『イギリス法釈義』）第一篇第四章参照。

　イギリスの陪審員は、カウンティの長官（シェリフ）によって選ばれる〔ド・ロルム前掲書、第一巻第一二章〕。長官は通常カウンティの名士で、司法、行政の職能をもつ。彼は王を代表し、王によって毎年任命される〔ブラックストーン前掲書、第一篇第九章〕。その地位は事件の当事者の側から、汚職の疑いなどないものとされる。その上、もし彼の公平さが疑われるなら、その選んだ陪審員を一括して忌避することができ、この場合には他の役人が新しい陪審員を選ぶ任につく。ブラックストーン前掲書、第三篇第二三章参照。

陪審員になる権利をもつには、少なくとも一〇シリングの収入に値する土地の所有者でなければならぬ〔ブラックストーン前掲書、第三篇第二三章〕。この条件は、ウィリアムとメアリの治下、一七〇〇年ころに課せられたもので、その時代には貨幣価値が現在よりはるかに高かったのを銘記しよう。イギリス人は、陪審制を能力にではなく、土地所有にもとづくものとしたことがわかる。これはすべての他の政治的制度と同じである。しまいには小作人までが陪審員になるのを認められたが、そのさいにも耕作権がきわめて長期で、地代を除いて純収入が二〇シリングあることが要件であった〔ブラックストーン前掲書、同上〕。

〔7〕合衆国憲法は、州自体が陪審を各裁判所に導入したのと同様に、連邦の法廷にこれを導入した。そのうえ、この憲法には陪審員の任命に関して固有の規定がない。連邦の裁判所は、各州がその用に供するためにつくった陪審員の普通名簿から選ぶのである。州法こそ、アメリカにおける陪審員の構成を知るために検討を要する。ストーリーの『憲法釈義』第三篇第三三章、六五四～六五九ページ、およびサージャント『憲法』一六五ページを参照。また、この問題に関する一七八九年、一八〇〇年および一八〇二年の連邦立法をも参照せよ。

陪審員団の構成に関して、アメリカの人々が立てた原則をよく知るため、私は相へだたる諸州の立法をとって検討した。その検討から引き出される一般的観念は次のとおりである。

アメリカでは、選挙権をもつ市民は、すべて陪審員たる権利をもつ。大州ニューヨークは二つの資格の間にわずかな差違をたててはいるが、われわれ（フランス）の法とは反対である。ニューヨーク州では、選挙権をもつものより陪審員有資格者が少ない。一般に合衆国では、陪審に参加する権利は、議員選挙権と同様、すべての人に及んでいる。しかし、その権利の行使がすべての人に、無差別に許されるわけではない。

毎年、市または地区の役人の一団が各地区に対して、陪審員たる権利をもち、陪審員たる能力をもつと思われる市民を一定の数だけ選ぶ。この選考を行なう役人をニューイングランドではセレクト＝メン、ニューヨーク州ではシューパーヴァイザーズ、オハイオではトラスティーズ、ルイジアナではパーリッシュ（他の州のカウンティに当たる）のシェリフスと呼んでいる。この役人たちは、彼ら自身が選挙によって選ばれるので、不信を全く招かず、その権限は共和制の役人一般と同様に広汎で、裁量の余地が広い。その権限をしばしば使って、陪審員としてふさわしくないものや無能な陪審員を除外するといわれる。とくにニューイングランドにおいては、そうだという。

こうして選ばれた陪審員の氏名はカウンティの裁判所に移牒され、その全体から、各事件を裁決すべき陪審員が抽選で選ばれる。

このほか、アメリカの人々は陪審を人民の手に委ね、しかもできるだけ負担にならないような、あらゆる方法を探求した。陪審員になりうる人は非常に多数であるから、各人の順番は三年に一回しかまわってこない。公判は各カウンティの首邑で開かれる。カウンティは、われわれ（フランス）のアロンディスマンとだいたいにおいて一致する。こうして、法廷は陪審員の近くに置かれるようになり、フランスのように、陪審員を呼びつけはしない。最後に、陪審員は官憲または（訴訟）当事者から報酬をうける。ふつう、一日一ドル〔五フラン四二サンチーム〕、旅費は別途である。アメリカでは、陪審員になるのは負担と考えられているが、堪えやすい負担で、みな苦にしないで任に服している。

ブリヴァード『サウス・カロライナ州成文法規撮要』第二巻三三八ページ、ならびに同書、第一巻四五四ページおよび四五六ページ、さらに同書、第二巻二一八ページを参照。

『改訂ニューヨーク州法令』第二巻七二〇ページ、四一一ページ、七一七ページ、六四三ページを参照。

『マサチュセッツ州法令一覧』（州立法部改訂・発行）第二巻三三一ページ、一八七ページを参照。

『オハイオ州法令』九五ページ、二一〇ページを参照。

『テネシー州法令』第一巻二〇九ページを参照。

『ルイジアナ州法令撮要』第二巻五五ページを参照。

〔8〕これこそ、陪審が一定の刑事事件にしか適用されない最も有力な真の理由である。

〔9〕イギリス人の間で行なわれている民事陪審の構造を仔細に検討すると、陪審員は判事の支配から決して免れていない。これはすぐわかる。

たしかに、陪審員の宣告は、民事でも刑事でも、一般に一つの宣言のなかに事実問題と法律問題とを含んでいる。たとえば、ピーターが家を一軒買ったといって、その家に対して権利を主張する。これは事実問題。相手方は売った人の無能力を主張して対立する。これは法律問題。陪審員は、その家がピーターの手にかえされる、と宣言するにとどめる。こうして事実問題と法律問題とが決定されるのである。民事に陪審を導入するに当たり、イギリス人たちは、刑事において宣告が（被告に）有利なときには陪審員の意見を誤りないものとするが、民事ではこの原理を維持しない。

判事は、判決が法の適用を誤っていると考えた場合には、その受理を拒み、陪審員にさし戻して再審議させうる。

判事が宣告を意見を付せずに通過させる場合にも、裁判は完全に終結したことにはならない。判決に対して異議を申し立てる、いくつかの途が開かれている。その主要なものは、裁判所に宣告を破棄し、新しい陪審員の構成を求める方法である。たしかに、このような要求は稀にしか認められず、二回以上は決して認められないといえる。それにもかかわらず、私はこの事態を目にしたのである。ブラックストーン前掲書、第三篇第二四章、同じく第三篇第二五章を参照。

〔10〕 連邦の判事は、たいてい単独で、国政に最も密接な関係のある問題を裁決する。

(1) 第一部第五章「連邦政府について語る前に、各州で行なわれているところを研究する必要」のうち、「合衆国における行政的分権の政治的効果」の節にある。

第九章　合衆国において民主的共和政を維持する傾向をもつ諸要因について

民主的共和政が合衆国に存続している。この本の主要な目的は、この現象のいろいろな原因を（読者に）理解させることにあった。これらの原因のうちには、論述の過程で、その意図がなくて言及されたものもいくつかあり、そのため指摘だけにとどまっている。そのほかに取り扱えなかったものがあり、また、詳論しえたものも、細部に埋もれたまま取り残されている。

そこで、先に進んで未来について語る前に、現在を説明するすべての理由を一括して整理しておくべきだと私は考えた。この種の要約は手短かにすませよう。読者に既知のことがらを簡潔に思い起こさせるように気を配り、いまだ述べる機会のなかった事実のうちから主要なものを選ぶことだからである。

合衆国において民主的共和政の維持に傾くすべての原因は、次の三つに要約しうると考えられる。第一は天がアメリカの人々を置かれた特殊、偶然の状況であり、第二は法制に由来し、第三は風習と習俗とから発している。

「合衆国において民主的共和政の維持に貢献している偶然、天与の原因について」

連邦は隣国をもたぬ——大きな首都がない——アメリカの人々は生まれに恵まれている——アメリカは空漠な国である——この環境が民主的共和政の維持にいかに強力に役立つか——アメリカの広野に人がはいりこむ仕方——イギリス系アメリカ人の新世界の孤独に打ち克っていく熱心さ——物質的幸福がアメリカの人々の政治的意見に及ぼす影響

人間の意思から独立した数多くの環境が、合衆国において民主的共和政を容易にしている。そのあるものはすでに知られており、他は容易に認識できる。以下には、その主要なものを述べるにとどめよう。

アメリカの人々には隣国がない。その結果、大きな戦争も、財政的な危機もなく、侵略や征服を恐れることもない。重い課税や大きな軍隊、偉大な将軍も必要ではない。これらすべてを合わせたよりも共和国にとって恐ろしい禍である軍事的な栄光(を求める野心)を恐れる必要もほとんどない。人民の精神に軍事的栄光が及ぼす信じえないほど強い影響を、どうして否定しえよう。ジャクソン将軍は、アメリカの人々が統領としていただくべく二度えらんだ人物であるが、その性格は粗暴で、能力は中(程度)である。彼の全経歴に、自由な人民を治めるために必要な資質を証明するものは何もない。また、連邦の開明された階層の多数も常に彼に反対であった。彼を大統領の地位につけ、いまなおその地位を維持させているものは何か。二十年前、彼がニュー・オーリアンスの城壁の下でかちえた戦勝の思い出である。しかるに、このニュー・オーリアンスの勝利はきわめてふつうの戦闘であり、戦争のない国でしか長く語り草になることはない。しかも、このように栄光の権威にひかれる（アメリカ）人民こそ、まさしく、最も冷静、打算的で、最も非軍国的であり、全世界で最も散文的な人民といってもよかろう。

アメリカには、全領域にわたって直接、間接の影響を感じさせるような大きな首都がない。[1] これを合衆国において共和的諸制度が維持されている根本的な原因の一つと私は考えるのである。都会では、人々が相会し、ともに感情を昂《たかぶ》らせ、突如として熱狂的な決議をするのを抑えることはできまい。都会は全住民からなる大集会のようなものである。そこでは、人民が役職者に大きな影響を及ぼし、しばしば仲介者なしに、その意思を行使する。

地方を首都に従属せしめるのは、国全体の運命を人民の一部の手に委ねるもので、公正ではない。そればかりではなく、自分勝手に行動する人々の手にこれを委ねることにもなり、きわめて危険である。首都の優位は代議制に重大な打撃を与える。それは、近代の共和政を古代の共和政の犯した過ちに落とすもので、古代の共和政は代議制を知らなかったため、すべて滅びたのである。

ここに、合衆国において民主的共和政の樹立に幸いし、その存続を保障した、他の二次的要因をいくつも列挙するのは容易であろう。しかし、かずかずの恵まれた環境の中で、主要なもの二つが目につく。急いでこれを指摘しよう。すでに述べたところであるが[1]、合衆国の現在の繁栄の原因のうち、第一、最も有効だったのは、アメリカ人の起源、私が彼らの起点と呼んだものであると私は見た。アメリカの人々は生まれに恵まれた。その父祖は、いま彼らの住んでいる土地に諸階層の平等と知能の均等と（の原理）を移し植えた。そこから民主的共和政が、自然の源から流れ出るように、ある日、当然に生まれ出た。そればかりではない。共和主義的な社会状態とともに、その子孫に共和政の開花に最もふさわしい慣習、観念、習俗を遺贈した。私はこの起源が生んだ成果を考慮するとき、アメリカの運命はすべて、この岸にあがった最初の清教徒の中に含まれているのを見る思いである。この事情は全人類の起源が最初の人間にあるように見えるのと同様であろう。

　合衆国において、民主的共和政を樹立し維持するのに好適であった、その他の恵まれた環境の中で、第一に重要なのは、アメリカ人の住む国土それ自体の選択である。彼らの父祖は平等と自由とを愛することを教えたが、果てしない大陸をその手に委ねて、長く平等、自由でありうる手段を与えたもうたのは神にほかならぬ。（民衆）一般の繁栄は、すべての政府、とくに民主的政府の安定に幸いする。民主的政府は最大多数（の人々）、そして主として最も欠乏にさらされている人々の気性に依存するのである。人民が政治をするようになると、国家を顛覆させないためには、人民の幸福が必要である。困苦は人民の間に、国王の野心から王国が（危機に）瀕するのと同様（に危険）な事態を生む。幸福をもたらしうる諸原因のうち、法制によるものから独立の物質的要因は、世界のどこの国より、また歴史のどの時代よりもアメリカに多く備わっている。合衆国において、民主的なのは立法ばかりでなく、自然自体が人民のために（有利に）はたらいている。

人間（の歴史）を回想して、今日、北アメリカで起こっているのと同様の事態が、どこにあるか。古代の名のある社会はすべて敵対する人民に囲まれて礎をおき、その地位を確立するには敵に勝たなければならなかった。近代の諸国民も、南米のある部分では、広大な地域に（自分）より未開な人々が住み、未開とはいえ、土地を耕してすでにこれを占有しているのを見出した。そこに新しい国家を築くには、多くの人々を破滅させるか、隷属させるかしなければならず、その勝利は文明の名を恥ずかしめたのである。しかし、北アメリカには放浪する部族が住むのみであり、彼らには土地の自然の富を活用することなど念頭になかった。北アメリカこそ、まさしく、空漠の大陸、見捨てられていた土地であり、居住者を待っていた。

社会状態も法制も、すべてがアメリカの人々のところでは非常に違っているが、さらに差異がいちじるしいのは、その国土である。造物主によって人間に与えられたとき、土地は若く、汲めども尽きぬ資源であったが、人間は弱く、無知であった。土地が内蔵する宝の利用を習い覚えるようになったころには、人間はすでに地表をおおい、まもなく住みかを得て自由に憩う権利を獲得するために闘わなければならなかった。そのとき北アメリカが発見された。神がこの大陸を予備としておかれ、それが（ノアの）大洪水の下から現われ出たとしか思えないような出来事であった。

北アメリカでは、創世の初めのように、川は源から尽きず流れ、土地は緑が深く多湿で人跡はまれ、果てしない原野には農夫の鋤《すき》の跡もなかった。このような状態にあっては、原始時代の孤立、無知、野蛮な人間は何もそこから得ることができず、自然の最も重要な秘密をすでに制し、同類と結合し、五千年の経験に学んだ人間が、よくその恩沢にあずかる。目下、ヨーロッパから来た開化された千三百万の人々が、平穏にこの沃土《よくど》にひろがっているが、彼らとて、その資源や広さについて正確には知らない。三、四千の軍人が先住民の放浪集族を追って進む。軍人の後には樵夫《きこり》が、森をひらき、猛獣を退け、川の流れを探り、荒野を横ぎって文明の勝利の行進を準備しつつ進む。

しばしば、この著述の中で、アメリカの人々が享受している物質的な幸福に言及した。これを彼らの法制が成功している大きな原因の一つとして指摘した。その理由は私よりも前に他の幾多の人々によってすでに述べられてきた。この点だけがヨーロッパの人々の、いわば頭にはいっていて、われわれの間にひろまっている。そこで、このようにたびたび論じられて理解の行きわたっている問題には立ち入らず、若干の新しい事実をつけ加えるにとどめよう。一般の通念によれば、アメリカの広野は、年々、新大陸の岸辺におりたつ、ヨーロッパからの移住者によって満たされていき、アメリカに従来いた人々は、その父祖（伝来）の（すでに開けた土）地で倍加している。ところが、これは大きな誤りである。合衆国に着くヨーロッパの人には、友もなく、しばしば資産もない。生きるためには、労務を提供しなければならぬ。そのため、大西洋沿岸にひろがる大産業地帯を超えて行けるものはまれである。資本も信用もなくて、荒野の開墾はできまい。森の中で冒険をする前に、新しい気候の酷《きび》しさに体をならさねばならぬ。アメリカに従来いた人々こそ、毎日その生誕の地を捨てて、はるかの荒野に広大な土地を拓《ひら》きにいくのである。このように、ヨーロッパの人は、大西洋の彼岸に移住するためにそのあばら屋を捨て、アメリカの人でこの岸辺に生まれたものが、こんどはアメリカ中部の孤独な環境に踏み入っていく。この二重の人口移動にはとめどがない。ヨーロッパの内奥に始まり、大西洋を越え、新世界の人跡まれな地帯をとおしてつづいていく。幾百万の人々が地平線の同一点をめざして同時に進む。その言語、宗教、習俗は違おうとも、目的は同じである。（財産に恵まれる）しあわせが西部のどこかにあると聞かされて、それをつかもうと急ぐのである。

このような人類の継続的な移住に比べることのできるのは、おそらくローマ帝国が滅亡した後の事態だけであろう。当時は現在と同様、人が群れをなして同一の地点に馳せ向かい、同一の場所に集まって喧噪をきわめるありさまであったが、神のみ旨は異なっていた。当時は人が新しく着くごとに破壊と死とがもたらされたが、今日はおのおのが繁栄と生との芽を携えてくる。アメリカの人々の西方への移住がどのような結末になるか、遠い将来のことは明らかではないが、直接の結果はすぐにわかる。前から住んでいるものの一部が年々その生をうけた州から去ると、これらの州は歴史が古くても、人口はきわめて徐々にしか増加しないという事態が起こる。コネティカットについて見ると、その人口密度は一平方マイル五九人でしかなく、四十年間に人口は四分の一しかふえていない。同じ時期にイギリスでは三分の一増加したのである。ヨーロッパからの移民は常に人口が充分ではない地方に渡ってくる。そこでは産業に人手がない。だから、労働者になって楽な生活ができる。その息子はまだ人のいないところに幸福を求めていき、富んだ地主になる。父が資本をあつめ、子が活用する。新参にも現地の人にも、困窮はない。

合衆国の立法は、財産の分割をできるかぎり容易にしている。しかし、立法よりも強力な原因が、財産の過度の分割を抑えている。[2] この事態は、人口がついに満ちはじめた州において明らかに見てとれる。マサチュセッツは連邦の中で最も人口の多い州であり、人口密度は一平方マイル八〇人になる。これは、フランスに比べてきわめて低く、フランスは一六二人である。しかしマサチュセッツでは、すでに小さな土地の分割はまれである。ふつう、年長者が土地を（相続して一括に）取り、年少者は広野に産（をなすしあわせ）を求めにいく。法は長子相続権を廃したが、神意は誰にも不平をいわせず、これを再確立したといえる。そして少なくとも今回は正義も傷つけられていない。

次のただ一つの事実からも、いかに多くの人が、その住みかを広野に移すために、ニューイングランドを去っていったかがわかろう。一八三〇年に、連邦議会の議員中、小州コネティカットに生まれたものが三六名いたことが確認されている。コネティカットの人口は、合衆国人口の四十三分の一にすぎぬが、その州が連邦議会議員の八分の一を供与していたのである。しかし、コネティカット州自身は、連邦議会に五名の議員しか送っていない。他の三一名は西部の新しい州の代表として出ている。この三一名がコネティカットにとどまっていたら、おそらく彼らは富んだ地主にはならず、一介の労働者にとどまったであろう。政界に進路を開きえず、無名の生活を送ったであろう。また、有用な立法者どころか、市民の中の危険分子となったであろう。

この点には、われわれと同様、アメリカの人々も気づいている。ケント判事はその著『アメリカ法釈義』〔第四巻三八〇ページ〕においていう。「疑いもなく、土地の分割は、一家を支えるに足りないほど極端にわたると、大きな害悪を生む。しかし、この不都合は合衆国においてかつて感じられたことがない。それが感じられるまでには、まだ数世代かかろう。無人の領土の広大さ、手にはいる土地の豊富さ、大西洋岸から発して絶えず内陸に向かう移民の流れが、現在はもとより、なお長く将来にわたって、父祖の遺産の細分化を抑止するに足りよう」(2)

〔産をなす〕幸運を提供する、この大きな獲物にアメリカの人が身を挺する熱心さを描写するのはむずかしかろう。これを追求するためには、先住民の矢も荒野の病疫をも恐れず、ものともしない。森の静けさに驚かず、猛獣の近づくのにもおののかない。生命に対する愛着よりも強い情熱が絶えず彼を刺激する。眼前にはほとんど無限の大陸がひろがっている。そこに自分の場所がなくなるのを恐れ、遅れはしないかと先を急ぐ、とでもいえよう。〔独立〕当初の諸州からの移住については前に述べたが、新しい州からの移住については何を語るべきであろうか。オハイオ州の設立は五十年前のことである。住民の大半は、ここの生まれではない。首都の歴史は三十年に達せず、州内にはまだ広大な荒野がある。しかし、すでにオハイオの人々は西方への行進を再開している。イリノイの沃野に降り来たった人々の大部分はオハイオの住民である。この人々は幸福になろうとして第一の故国を去った。そしていまやいっそうのしあわせを求めて、第二の故国を去っていく。ほとんどどこにも繁栄はあるが、幸福には出会わない。彼らにとって、しあわせになりたいという望みは、一応満たされるとさらに大きくなり、じっとしてはいられないほどに強くなる。生まれた土地との絆をひとたび絶つと、他の絆に縛られようとはしない。最初は必要に迫られて移住したが、いまではそれが一種の賭けと彼らの目に見えてきて、金もうけもよいが、その興奮が忘れられない。

ときには人の行進が早くて、その過ぎ去ったあとに荒野がまたあらわれる。森はその足下に身を屈するだけで、人が過ぎ去ると、また身を起こす。西部の新しい州を駆けめぐると、森の中に打ち捨てられた住居に出会うことがまれではない。しばしば、全くさびしいところに小屋の残骸が見出され、荒削りな開墾地を横切っているとき、驚きに打たれる。そこに人間の力と気まぐれとを同時に見せつけられる思いである。この見捨てられた耕地、ありし日の廃墟《はいきょ》に、以前の森がじきに新しい枝を伸ばし、獣は再びわがものがおに徘徊する。自然は、ほほえみつつ、人間の痕跡を緑の小枝と花とでおおうに至り、つかのまの人跡を消そうと急ぐ。

ニューヨーク州に属する、なお人跡まれな地域を私が通ったとき、一つの湖の岸に行き着き、その湖のまわりがすべて太古さながらの森に囲まれていたのを思い出す。小さな島が湖の中にあった。島をおおう森は、茂みを一面に伸ばして、岸辺を全く隠していた。湖の岸辺には人のいる気配《けはい》は何もなかった。ただ、はるかに一筋の煙が木々の頂きからまっすぐに雲まで立ちのぼり、むしろ空から垂れているかのように見えた。先住民の丸木舟が一艘、砂の上に引き上げてあった。これ幸いとそれに乗って、まず私の眼をひいた島を訪れに出かけ、まもなく岸辺に着いた。島全体が新世界の甘美な寂莫をなしていた。それこそ、文明人に未開の生活（の喪失）を惜しませるほどである。植物はすくすくと伸び、その見事さは土地がいかに肥沃であるかを示していた。北アメリカの荒野のどこにもある深いしじまがあたりをおおい、山鳩《やまばと》の単調なさえずりか、啄木鳥《きつつき》の木の幹をたたく音かがそれを破るだけであった。ここに人が住んでいたとは思いもよらなかった。それほどあたりはまだ自然のままに見えた。しかし、島の中央で突然、たしかに人間の遺跡と思われるものに出会った。そこでその辺のすべてを注意して調べたところ、ヨーロッパの人が（一人）ここに隠棲《いんせい》の地を求めてきたことは疑う余地がなかった。しかし、彼のつくったものの様子が何と変わり果てたことか。彼がかつて世捨ての場所のために急いで切り拓いた森は、その後すでに若木を伸ばしていた。柵は生い繁って垣となり、小屋は繁みと化していた。この灌木の繁みの中に、火に焼かれて黒くなった石が小さな灰の山のまわりに散らばっているのも見受けられた。炉はここにあったにちがいない。煙突が落ちて、この残骸をおおっていた。しばらくの間、私は無言のまま自然の豊かさと人間のはかなさとに思いを寄せた。この魅せられた場所を去らなければならぬときが来ても、「何たることだ。こんなに早く廃墟になってしまうとは」と、私は哀愁をこめてくりかえしいいつづけた。

ヨーロッパにおいては、精神の不安定、なみはずれた求富の欲望、独立に対する極端な愛着を大きな社会的危険と見るようになっている。しかし、これらすべてが、まさしくアメリカの共和政に平和な未来を長く保障する。このいたたまれぬ情熱がなければ、人口は特定の地点に集中し、ヨーロッパでのように、やがて人々は満たされがたい要求を感じるであろう。新世界では、人間の悪いところが善いところとほとんど同様に社会に役立つのである。何と幸福な国であろうか。この事情が両半球（ヨーロッパとアメリカ）で人間の行動を判断する仕方に重大な影響を及ぼす。アメリカの人々にとっては、われわれが利得の欲と呼ぶものは、しばしば賞《ほ》むべき勤勉である。また、われわれが中庸《ちゆうよう》の徳と考えるものが一種の心のたるみと見られる。

フランスにおいては、簡素な趣味、静穏な習俗、家庭を重んずる精神、故郷への愛着を、国家のため、静穏と安泰との大きな保障と見なす。しかし、アメリカでは、このような徳目ほど社会を害するものはない。カナダのフランス人は、旧来の習俗の伝統を忠実にまもっているが、すでにその地で生活するのが困難になっており、ここで生まれた子供たちは、やがて旧い諸国の（味わった）困苦の餌食となるであろう。カナダでは、最も識見があり、愛国心に富み、人情を心得ている人々が、人民を質素な幸福に満足させないように、異常な努力をしている。われわれのところでは、凡庸でも正直なのが望ましいといわれるが、カナダでは、その代わりに富のもたらす利点が称《たた》えられる。よそでは努めて人間の激情を抑えようとするのに、その刺激にいちだんの配慮がされる。祖国が貧者にさえ与える純粋、静穏な喜びを、異郷での楽な暮らしから得られる味気ない楽しみと引き換えにし、父祖の家、祖先の憩う田園を逃れ、生者も死者をも捨てて（産をなす）幸運を追い求める。彼らの眼には、これにもまして称讃すべきものはないのである。

今日、アメリカは、人間がどんなに勤勉でも活用しきれないほど莫大な資源と機会とを提供している。アメリカでは、知識は無限に必要である。知識はすべてその所有者に役立つと同時に、それを欠くものにもなお利益になるからである。新しい要求は恐れらるべきでない。すべてが苦もなく満たされるからである。情熱を喚起しすぎることを恐れる必要はない。すべてが容易に糧《かて》を得、有益だからである。人間が過度に自由になることはありえない。自由を悪用する誘惑がほとんどないからである。

現在のアメリカの共和政は、商事会社のようで、新世界の荒地を共同で開発するために設立され、その商売が繁昌している。アメリカの人の情熱を最も強く動かすのは経済であり、政治ではない。いや、むしろそれが政治に取引の習性をもちこんでいるのだ。秩序が愛されるが、それがないと取引は繁昌しえないのである。とくに几帳面《きちょうめん》な習俗が称讃されるのは、堅実な事業の基礎だからである。しばしば産を失わせるような天才的な知恵よりも、大きな財産をつくる良識が好まれる。抽象的議論は、現実的打算になじんだアメリカの人々を驚かせる。彼らの間では理論より実践が尊敬されるのである。

アメリカに行かなければ理解できないのは、物質的な繁栄が政治活動にいかに大きな力をふるうか、また、理性だけに従うべき論壇までがいかにその大きな影響をうけるかということである。主としてこのことを発見するのは外来の人の間においてである。ヨーロッパからの移民の大半は、独立と変化とを好む荒々しい感情を新世界にもちこむ。この感情はわれわれの困苦の中から生まれる。私はアメリカで幾度か、政治的意見がもとで亡命しなければならなかったヨーロッパの人に会った。その人たちすべての物語に驚かされたが、なかで誰よりも印象に残った人が一人いる。私がペンシルヴェニアの、最も人里離れた地方の一つを通っていたとき、夜の闇が襲って来、金持の農場経営者のところに一夜の宿を乞いにいった。主《あるじ》はフランス人だった。彼は私を暖炉の前に坐らせ、われわれは気楽に話しはじめた。お互いに、故国から二、〇〇〇マイルも離れた森の奥で出会った人にふさわしく、話をしたのである。主人が四十年前には平等主義者の大物であり、熱烈な煽動家であったことを私は承知していた。彼の名は歴史に残っていた。そこで、彼が重農主義者か地主かがするような態度で財産権を論じるのを聴いて、奇妙に思い、驚かされた。財産が人間の間に打ちたてた階層組織《ヒエラルキー》の必要、既存の法の遵守、共和国における良俗の影響について語り、宗教的な理念によってこそ秩序と自由とは救われる、というのである。自分の政治的な意見の支えに、うっかりしたようにイエス・キリストの権威を引用したりさえした。

聴いていて、私は人間理性の弱さに感嘆した。(彼はいう、) 事実は真か偽かである。(しかし) 科学に不確実な点があり、経験の教えるところが多様な中で、いかにしてこの真偽を見出すか。

新しい事実が生じて、疑問は一掃される。自分は貧しかったが、いまでは富んでいる。とにかく、物質上の満足が行動に影響しても、判断を自由にしておいてくれればよいと思う。しかし、そうはならない。意見は、財産ができるとともに実際に変わった。自分に幸いした事態の中に、これまで欠けていた決定的理由をまさしく発見したのである。

物質上の満足が、アメリカの人々に、他国の人々よりも自在に影響する。アメリカ人には、秩序と公共の繁栄とが連続してあらわれ、同一の歩調で歩むのが、常に目のあたりに見える。両者が別のものとは想像もできない。ヨーロッパの人の多くにとってとは異なり、アメリカ人は、最初にうけた教えを何ごとも忘れないし、またそれを捨てる必要もない。

「合衆国における民主的共和政の維持に及ぼす法制の影響について」

民主的共和政を維持するための三要因——連邦制——地方自治の諸制度——司法権

この本の主要な目的は、合衆国の法制の知識を得させることであった。この目的が達せられているとすれば、読者は、法律の中で、どれが真に民主的共和政を維持する傾向をもち、どれがそれを危険に瀕せしめるか、をすでに自分で判断できている。もしいままで述べたところで、これに成功していなかったなら、この一章でそれをしようとしても、ますます成功の見込みはあるまい。いま、すでに駆けめぐったところに再び立ち入ろうとは思わない。要約には数行で足りるとすべきである。

三つのものが、他のすべてにまさって、新世界における民主的共和政の維持に、競合して貢献しているように見える。第一は、アメリカの人々が採用した連邦制で、これが大きな共和国の強力さと小さな共和国の安全さとを享受させている。第二は、地方自治の諸制度の中にあると思う。これが多数（派）の専制を緩和し、人民に自由の味わいと自由であるための術《すべ》とを同時に与える。第三は司法権の構成にあらわれる。裁判所が、デモクラシーの逸脱を是正するのに、どれほど役立つかはすでに示した。また、多数（派）の動向を抑止する力は決してもたぬが、その動きをゆるやかにし、それを指導するまでになっていることも述べた。

「合衆国における民主的共和政の維持に及ぼす習俗の影響について」

私は前に、習俗を、合衆国における民主的共和政の維持に貢献する一般的要因の一つとして考察すると述べた。

ここに習俗というのは、古人が ***mores*** という言葉に付した意味においてである。心的な諸習性とも呼びうる、固有の意味においてだけではなく、人のもつ種々の観念、世間にある多様な意見、さらには知的な諸習性を形成する観念の総体にも及ぶ。この言葉に一国民の道徳的、知的な状態全般を含めて理解するのである。私の目的は、アメリカの習俗一覧を作成することではない。いまはその中から政治制度の維持に有利なものを探るにとどめる。

「政治的制度として考察した宗教について、いかにして宗教がアメリカにおいて民主的共和政の維持に強力に奉仕するか」

北アメリカには民主的で共和的なキリスト教を奉ずる人々が住む――カトリック教徒の到来――何ゆえに現在、カトリック教徒が最も民主的で共和的な階層を形成するか

宗教には、おのおのそれと結びついた政治的な意見がある。人間の精神をおもむくに任せれば、同一の仕方で政治社会と神の国とを規制するようになる。あえていえば、地上を天国と調和させようとするであろう。

イギリス系（の人々が住む）アメリカの大半は、ローマ法王の権威から脱してからはいかなる宗教的至上権にも服さなかった人々によって占められた。そして、彼らは新世界にキリスト教をもたらしたが、その性格は民主的であり、また共和的であるというのが最も適切な描写であろう。それは共和政の樹立と政治の民主的な遂行とにはとくに有利であろう。原理からして、政治と宗教とは互いに協調し、その後もそれが破られたことはない。

約五十年前、アイルランドからカトリック（の教えを奉ずる）人口が合衆国に流入しはじめた。アメリカのカトリック教は、自分の側でも改宗者をつくった。今日、連邦の中にローマ教会の教義に帰依するキリスト教徒が百万人以上いる。これらのカトリック教徒は、信仰の実践においてきわめて忠実であり、信条に対してあふれるばかりの熱誠をもっている。しかし、彼らは合衆国における最も共和的で最も民主的階層を形成している。この事実に最初は驚かされるが、よく考えてみると、その隠れた原因はすぐに見つかる。

私は、カトリック教をデモクラシーの天敵と見るのは誤っていると考える。反対に、キリスト教の種々の教義の中で、カトリック教は諸階層の平等に最も友好的なものの一つと思われるのである。カトリック教徒にとっては、宗教社会はただ二つの要素、聖職者と民衆とから成り立っている。聖職者ひとりが信者の上に立ち、その下ですべての人が平等である。

教義に関して、カトリック教はすべての知能（の人間）を同一の水準に置く。賢者も無学の人も、天才も俗人も、同一の信条の細部にわたって服従を強制される。富者にも貧者にも同一の実践を課する。強者にも弱者にも同一の厳格（な戒律）を要求する。いかなる人間とも妥協せず、各人に同一の基準を適用して、社会のすべての階級を同一の祭壇の下に融合したいと思う。神の眼には何ら階級の差別はないからである。

カトリック教は、信者を信従におもむかせるとしても、不平等を覚悟させることは断じてない。これに対してプロテスタントの教義については、一般に人間を独立に向かわせる面が強く、平等への指向ははるかに少ないといえよう。カトリック教は絶対君主制のようなものである。君主を除けば、共和制よりも諸階層は平等である。

カトリックの聖職者が、一つの勢力として、社会に進出するために聖域を出、社会の階層組織の中に地位を占める事態はしばしば起こった。また、自分が構成分子である政治秩序の継続を保障するため、宗教的な影響力を行使したことも幾度かある。さらにまた、カトリック教徒が、宗教の精神から貴族の味方であったときもある。しかし、合衆国でのように聖職者が政府から遠ざけられるか、またはみずから身をひくかすると、カトリック教徒ほど、その信条によって、政治の世界に諸階層の平等の観念を進んでもたらそうとしたものはない。

合衆国のカトリック教徒は、その信条の性質から、民主的で共和的な意見にはげしく傾斜しないまでも、少なくとも、それに本来は反対でなく、その社会的地位から、また数が少ないために、この意見をとらなければならないようになる。カトリック教徒の大半は貧しく、自分が政治に参与するためには、すべての市民が政治をする必要がある。カトリック教徒は少数派であり、自分たちの権利の自由な行使が保障されるためには、すべての権利が尊重される必要がある。この二つの原因が、無意識のうちにさえ、彼らを民主的で共和的な政治原理のほうへ向かわせる。金があり圧倒的多数であったら、この原理を採用するにせよ、これほど熱心ではなかったであろう。

合衆国のカトリックの聖職者は、この政治的傾向に抗おうとは決してしなかった。むしろ、それを正当化しようとする。アメリカのカトリック聖職者は精神の世界を二分した。一方には啓示された教義を残しておいて、論議せず、これに従う。他方には政治的真実を置き、それを神が人間の自由な探求に委ねられたものと考える。かくして、合衆国のカトリック教徒は最も敬虔《けいけん》な信徒であり、また最も独立した市民である。

合衆国には、民主的で共和的な諸制度に敵対するような宗教的原理は一つもないといえよう。すべての聖職者は、これらの制度に対して同じことをいう。この点で意見と法制とは調和し、人間精神の支配的な潮流は、いわばただ一つである。私が連邦の最も大きな都市の一つ[3]に滞在しているとき、ある政治集会に出席するよう招待された。その集会の目的はポーランドの人々の救援であり、彼らに武器と資金とを入手させるにあった。行ってみると、二、三百の人が（そのために）準備された大きな会堂に集まっていた。ややあって、制服を着た聖職者が演壇に上った。参会者は脱帽ののち、沈黙のうちに起立した。そこで彼は次のように述べた。

「万能なる神よ。万軍の主よ。あなたは、われわれの父祖が国民の独立の権利を堅く持したとき、これを励まし導きたまいました。あなたは、彼らを厭うべき圧政に打ち勝たしめ、平和と自由との恵みをわが国民に与えたまいました。おお主よ。み目を他の半球にめぐらし、往時のわれわれのように、同じ権利の擁護のために今日闘っている勇敢な人々を憐れみたまえ。主は、すべての人間を同一の型にもとづいて創られました。その主が、専制によってみ業《わざ》が枉《ま》げられ、地上に不平等が維持されるのを許されることは断じてない。万能の神よ。ポーランドの人々の運命を見守りたまえ。彼らを自由なるにふさわしからしめたまえ。あなたの英知が彼らの思慮を支配し、あなたのお力を彼らの手にお与え下さいますように。彼らの敵に恐怖をひろげ、彼らの滅亡をはかる勢力を分裂させたまえ。五十年このかた世界が見てきた不正が、今日ここにきわまるのを許したまいますな。主は個人の心とともに国民の心をも、その力強いみ手に握っておられます。その主は、この神聖なる大義に同盟軍を立ち上がらせたまいます。フランス国民がついに奮起し、その指導者たちによってとどめおかれた眠りから醒《さ》めて、再び世界の自由のために来たり闘うよう、なさしめたまえ」

「主よ。ゆめ、われわれからお顔をそむけたまいますな。われわれをして常に、最も自由であると同様、最も宗教的な国民たらしめたまえ」「万能の主よ。今日われわれの祈りを聴き届けたまえ。ポーランドの人々を救いたまえ。あなたの最愛のみ子、イエス・キリストは、すべての人の安寧のために十字架に死なれました。そのみ名において、われわれはこれをお願いします。アーメン」

会衆はすべて、一心に「アーメン」と唱えた。

「信仰が合衆国の政治社会に及ぼす間接の影響」

すべての宗派に見られるキリスト教の道徳——宗教がアメリカの習俗に及ぼす影響——婚姻の絆の尊重——いかにして宗教がアメリカの人々の想像力を一定の枠内にとどめ、その革新の情熱を和らげるか——宗教の政治的効用に関するアメリカの人々の見解——その影響を拡大し保障するための彼らの努力

合衆国において宗教が政治に及ぼす直接の作用についてては、いま（前節で）述べたばかりである。その間接の作用のほうがはるかに強力なように見える。宗教が自由について語らないときこそ、アメリカの人々に自由である術《すべ》を最もよく教えるのである。

合衆国には数えきれないほど宗派がある。そのすべてが人間連帯の義務については一致している。各宗派は、それぞれの仕方で神を崇めるが、すべての宗派が神のみ名において同一の道徳を説く。個人としての人間に、各自の宗教が真実であるということは意義が大きいとしても、社会にとっては問題にならない。社会は来世を恐れもしなければ、来世に望みもかけない。社会にとって最も重要なのは、すべての構成員が真の宗教を奉ずることではなく、一つの宗教をもてばよいのである。そして、合衆国のすべての宗派はキリスト教という大きな単一体に属し、キリスト教の道徳はどこでも同じである。

アメリカの人々の中には、確信に従うというより、慣習によって神を崇める人が相当あると考えてよい。さらに合衆国では主権者（人民）が宗教的であり、その結果、一般に宗教的であるふりをせざるをえない。しかし、アメリカはいまなお、世界中でキリスト教が人間の魂を動かす力を最も強く保っているところである。また、それが人間にいかに有益であり自然であるかを最もよく示している。今日、その力が人間に最も強く及んでいる国は、最も開明的であるとともに、最も自由であるからである。

すでに述べたことであるが、アメリカの聖職者は市民的自由（の原理）に対して一般に賛成である。信教の自由を断じて認めない人々さえ例外ではない。しかし、特定の政治体制を支持することはない。聖職者は現実の問題に巻きこまれないように注意し、政党政派に介入しない。合衆国において、宗教が立法にも政治的な意見の細部にも影響を及ぼすとはいえないが、習俗を指導するのである。家庭を規制することによって、国家の規制にはたらく。

合衆国に見られる習俗の厳正さは、信仰に第一の源をもっている。これを私は瞬時も疑わない。ここでも、富がさし出す無数の誘惑から男性を守るのに、宗教はしばしば無力である。男の、金持になりたいという熱望をすべてが刺激する。これを和らげることは宗教にできまい。しかし、女性の魂にとって宗教は至上の権威をもっている。そして、習俗をつくるのは女なのである。まさしくアメリカは、婚姻の絆が世界で最も尊重される国であり、結婚の幸福について最も高く正しい観念が保たれている国である。

ヨーロッパでは、社会のすべての混乱は家庭と夫婦関係とをめぐって生じる。男性が自然の絆と正統な楽しみとを軽視し、秩序の乱れに味をしめ、心が落ち着かず、欲望にも不安定を来たすのは、ここにおいてである。自分の住居にしばしば紛糾があり、その激情に動かされるので、ヨーロッパの人々は国家の立法権に服するのが難儀になる。アメリカ人は政治の世界の喧噪から離れて家庭に帰ると、秩序と平和との姿に接する。家庭では、すべての楽しみが簡素、自然であり、喜びには罪がなく、穏やかである。規則正しい生活によって幸福がもたらされるので、意見も趣味も（正常に）抑えておく習性ができやすい。ヨーロッパの人が社会を騒がせて家庭の悩みから逃れようとするのに対し、アメリカ人は家庭から秩序への愛を汲みとり、次いでそれを国事にもたらす。

合衆国では、宗教が習俗を規制するばかりでなく、知性にまで権威をひろげる。イギリス系アメリカ人の間で、あるものは信ずるがゆえにキリスト教の教義を奉じ、他のものは信じている風がないといわれるのを恐れて、これを奉ずる。いずれにせよ、キリスト教の権威には何の障碍もなく、すべての人の認めるところである。その結果、すでに他の箇所で述べたように、政治の世界は論議と実験とに明け暮れているように見えようと、道徳の世界では、すべてが確固としているる。同様に、人間の精神も無限の野に遊ぶのではない。人がいかに勇敢でも、打ち破りがたい障碍の前にときおりは立ち止まらねばならないことを感じる。革新する前に基礎的な与件をうけ入れ、最も奇抜な考えも、その達成を遅らせ、止めるような形式に従わなければならぬ。

アメリカの人々の想像は、いかに大胆な飛翔《ひしょう》を試みるときにも、用心深くおぼつかなげにしか進まない。その魅力ははじめから損われ、徹底しない。この抑制の習性が政治社会にもあらわれ、人民を静穏ならしめるのにとくに有利である。また人民のつくった諸制度の存続をも助ける。自然と社会的環境とが合衆国の住民を勇敢にした。それは、アメリカ人がどんなに（産をなす）しあわせを追い求めているかを見ればすぐにわかる。アメリカの人々の精神がいかなる邪魔もうけなかったら、彼らの中から世界で最も大胆な革新家や最も徹底した理論家がすぐにも出よう。しかし、アメリカで革命を行なおうとするものは、キリスト教の道徳と公平律とに対して一定の敬意を宣明しなければならず、法が彼らの企図の遂行に反対する場合、それを易々として破ることは許されない。彼ら自身は内心のためらいを超越できたとしても、その徒党の意向を思えば、思いとどまらざるをえまい。今日まで合衆国において、すべては社会の利益のために許されるという公理をあえて推し進めたものは一人もない。この神を恐れない公理は、自由の世紀において、来たるべきすべての圧制者を正統化するために発明されたかに見える。このように、法がアメリカ人民にすべての行為を許すと同時に、宗教は、人民の思考に一定の枠を与え、行動の無制限な自由を禁止する。

宗教は、アメリカの人々のところ（社会）で直接に政治に介入しないが、政治的な制度の第一の（根本的な）ものと考えなければならぬ。人々に自由の味を教えないとしても、自由の行使を奇妙にも容易にするからである。合衆国の住民自身が信仰の問題を見るのもまた、この観点からである。すべてのアメリカ人が真に宗教を信じているかどうかは知らない。誰も心の奥底を読みうるはずがないからである。しかし、彼らは宗教を共和的な諸制度の維持に必要と信じている、と確信をもっていいうる。この意見は一階級、一政党のものではなく、国民全体のものである。社会のすべての階層に見られるともいえる。

合衆国において、ある政治家がある宗派を攻撃するとして、それが、その宗派に属する人にさえ、彼を支持してはならぬ理由にはならない。しかし、全宗派をいっきょに攻撃するなら、誰もが彼（のもと）を去り、彼は孤立する。

私がアメリカにいたときのこと、チェスター・カウンティ（ニューヨーク州）の巡回裁判所に一人の証人が出廷して、自分は神の存在も霊魂の不滅も信じていないと宣言した。判事は彼の宣誓をうけ入れるのを拒んだ。理由は、証言に寄せられる信用を証人がすべて前もって破壊してしまったからだ、という。[3]新聞は事実のみを報じて、何の解説も加えなかった。

アメリカの人々は、その思想の中でキリスト教と自由とを完全に融合させているので、この両者の一をおいて他を考えさせるのは不可能である。それは彼らにとって、不毛な信仰といったものではは断じてない。過去からの遺物で、魂の奥にはあっても躍動することは少ないように見える、というようなものではないのである。

私はアメリカの人々が、西部の新しい州に牧師を送り、そこに学校と教会とを建てるために協力するのを見た。彼らは、宗教が森の中で消滅してしまわないか、そこで育った人々が父祖と同様に自由でありうるか、を心配している。ニューイングランドの富裕な人で、ミズーリの岸辺かイリノイの原野にキリスト教と自由との基礎を置くために、その生地を捨てるという人に幾人も出会った。このように合衆国では、宗教的な熱誠が愛国心によって絶えず高められている。この人々は、ひたすら来世を思って行動していると思われるかもしれぬが、それは誤りである。永遠（を考慮するの）は、その関心の一部にすぎない。この宣教師たちにキリスト教の文物について尋ねてみると、彼らが頻繁にこの世の福祉について語り、宗教家と話しているとばかり思っていたのに政治家と話しているようなありさまで、全く驚かされる。彼らはこんなふうにいうであろう。「アメリカの（すべての）共和政体は相互に連帯している。万一、西部の諸州が無政府状態に陥り、専制の軛《くびき》にあえぐなら、大西洋岸に花開いた共和的な諸制度は危殆に瀕する。われわれは、新しい諸州が自由でありうるように、それが宗教的な根底をもつことに関心をもっている」と。

これがアメリカの人々の意見であるが、その誤りは明らかだ（といわれる）。アメリカではすべてがよいが、おまえの感心している宗教的精神だけはいけない、と日々、物知り顔に私に説く人がいるのである。また、大西洋の向こうで人類の自由と幸福とに欠けているのは次の二つだけだ、スピノザとともに世界の永遠を信じ、カバニス[4]とともに脳が思想を分泌するという説を支持すればよいのに、この二つをしないのがいけない、とも教わる。この見解に対しては、全くのところ、そんな発言をする人々はアメリカに行ったことがないか、宗教的な国民も自由な国民も実際には知らないのだと答えるほかない。彼らがアメリカに行ってくるのを待つだけである。

フランスには、共和的な諸制度は自国が強大になるための過渡的な手段だと考える人々がいる。彼らは、自分たちの堕落と困窮とが富強（の状態）からいかに隔たっているかを眼にし、この深淵を埋めるため（動乱による）廃墟を積み重ねようと思う。これらの人々にとって自由とは、中世の傭兵隊長と国王との関係のようなものである。彼らはどんな旗を掲げていようと、自分の採算で戦《いくさ》をする。共和国万歳は、現在の逆境から救われるまでしかつづかない。私が語りかけるのは、そんな人々ではない。共和政に恒久、静穏な状態を見、現代の社会を思想と習俗とが日々に導いていく必然の到達点こそ共和政であるとし、人間が自由であるために備えをしようと真剣に望んでいる人々がほかにある。この人々が信仰を攻撃するとき、それは激情に従っているのであり、利害からではない。専制には信仰がなくてすむが、自由（の体制）ではそうはいかない。宗教は、彼らの愛する共和政において、攻撃の対象である君主政においてよりはるかに必要である。さらに民主的共和政には、他のいかなる体制よりも必要である。政治的な紐帯がゆるむ一方で道徳的な紐帯が固くならないとしたら、社会はどうして破滅を免れることができよう。人民が神に服さなければ、人民を主権者にするには、いったいどうすればよいのか。

「アメリカにおいて宗教を強力ならしめる主要な原因について」

政教分離に関してアメリカの人々がした配慮――法、世論、聖職者の努力までもが、この成果に協力している――合衆国において宗教が人の魂に影響力をもつのは、この原因に帰せられねばならぬ――その理由――現在、宗教に関して、人間の自然な状態とは何か――ある国で、人々がこの状態に順応するのに対立する固有、偶然の原因は何か

十八世紀の哲学者たちは、信仰は徐々に衰えていく、と全く単純な仕方で説明した。自由と啓蒙とが伸びるにつれて宗教的な熱誠は当然に消えていく、と彼らはいった。悲しいかな、事実はこの理論に全く合わない。ヨーロッパには、野卑で無知だから無信仰なのだとしか思えないような人々がいる。一方アメリカには、世界で最も自由であり開明された国民の一つが宗教の形式的なすべての務めを熱心に果たしているのが見られる。

アメリカに到着してまず私の眼に映ったのは、この国の宗教の面であった。滞在が長くなるにつれて、この新しい事実から出てくる偉大な政治的結果をいろいろ見た。私の見たところ、われわれの間（フランス）では信仰の精神と自由の精神とが逆行するのがごくふつうであった。しかし、ここでは、両者が密接に結合されているのを見つけた。両者は、いっしょに、同一の地に支配していたのである。私は、この現象の原因を知りたいという私の望みが日ごとに高まるのを感じた。

このため、すべての宗派の信者に尋ねてみた。とくに聖職者と交わってみた。彼らは異なる諸

信条の番人であり、その信仰の維持に個人的な関心がある人々だからである。私の宗教の関係から、とくにカトリックの聖職者に近づき、その幾人かとはすぐに親密といえるほどになった。そのおのおのに私の驚きを表明し、疑問の点を述べた。その結果、これらすべての人の（意見の）相違は細部についてだけだということがわかり、この国で宗教が平和にひろく行なわれているのは主として教会と国家との完全な分離による、とすべての人がいった。アメリカ滞在中、聖職者であると否とを問わず、この点で一致しない人には一人も会わなかったと確言してはばからない。

　このこと（があって）から、それまでより熱心にアメリカの聖職者が政治社会で占める地位の検討に向かった。驚いたことには、彼らはいかなる公職にもついていなかった。[4] 行政部にも一人も見当たらなかったし、議会にさえ議員として出ていないのがわかった。いくつかの州では、立法によって、政治的閲歴から締め出されており、[5] 他のすべての州では世論がそうしていた。最後に、聖職者自身の考えはどうかと調べたところ、大半が進んで権力から遠ざかっており、権力に無縁なことに一種の職業上の誇りをもっているように思われた。

　彼らは、野心と不誠実とは、それがどんな政治的な意見の下に巧みに隠されていようと、呪われてあれ、といった。しかしよく聴いていると、意見もそれが真剣であれば、そのことだけのために人間が神の眼に罪に堕ちたと映ることはありえないというし、また、政治に関する誤りは、家を建て畑を耕す方法を誤るのが罪にならないのと同様、何ら罪にはならないのだとわかった。彼らが慎重にすべての党派に属さないようにしており、党派との関係から逃れるため、個人的利益（を守るの）に見られるように懸命なのを私は見た。これらの事実から、真相は彼らのいうとおりだと納得できた。そこで、さかのぼってその原因を究めたいと思った。宗教の外見上の力を縮小しながら、その真の力が増大するようになるのはなぜか、この理由を見出すのは不可能ではないと考えたのである。

六十年の短い期間⑤に人間の想像力は決して封じこめられないであろう。この世の喜びは不完全で、人間の心を決して満足させることはなかろう。万物のうち人間だけが、生に対する本然の嫌悪と生きたいという大きな欲望とをもつ。人生を軽視するとともに虚無を恐れる。この相異なる本能が人間の魂に絶えず来世を考えさせる。そこに導くのが宗教である。宗教も願望の特殊形式にすぎず、願望と同様に人間の心に本然のものである。人が信仰から遠ざかるのは、一種の迷いからであり、その本性を、いわば精神的にねじ曲げられるからである。これに屈せず、人間は宗教に立ちかえっていく。不信は偶発的であり、信仰のみが人間の永遠の相である。宗教を純粋に人間的な観点だけから考えても、すべての宗教は人間自身から一種の尽きせぬ力を引き出すといえよう。その力は人間性の構成原理の一つに由来するからである。

宗教には、その固有の影響力に法の人為的な力を加え、社会を支配する物質的な力を支えとした時代があったのを承知している。地上の政府と密接に結びつき、暴力の脅威と信仰の力とで魂を支配したことがあった。しかし、一つの宗教がそのような同盟を結ぶと、人間と同じ過ちをおかすとあえていおう。現在のために未来を犠牲にし、自己にふさわしからぬ力を得て、かえってその正統な力を危険にさらすのである。不死の願望はすべての人間の心を等しく悩ます。宗教がこの願望だけに影響力の根源を求めようとすれば、普遍をめざしうる。しかし、一つの政府と結合しようとすると、特定の人々にしか適用できない公理を採用しなければならぬ。かように、一つの政治権力と同盟すると、力を一部の人々にはひろげうるが、すべての人の信従をかちとりうる希望はなくなる。

一つの宗教があらゆる困苦の慰めとなるような感情だけに支えをもてば、それだけ人類の心をひきうる。この世の苦渋に交わると、自分に愛情より、むしろ利益を与える同盟者を擁護せざるをえない場合も出てくる。そして、宗教の同盟者とはげしく戦ってはいても、なお宗教自体を愛している人々を敵として排斥しなければならぬ。支配者の物質的な力にあずかろうとすれば、支配者の生み出す怨《うら》みを一部はこうむらないわけにゆかない。

最も安定しているかに見える政治権力も、その存続の保障としては、ある世代の意見、ある世紀の利害しかなく、しばしば一個人の生涯の間しか保障されない。一つの法が、最も確固としているかに見える社会状態を変えうるし、それとともに、すべてが変わる。(社会の)権力はすべて多少とも、人生と同様に束の間のものである。人生の数々の心配と同様、目まぐるしく相次いで過ぎていく。政府にも、人間の心の不変の性向に支えられているものはないし、不滅の利益に立ちえたものもいまだ見あたらない。

宗教がその力を、歴史のすべての時代に同じように再生される感情、本能、情熱に見出すかぎり、時間による浸蝕を無視しえよう。少なくとも、他の宗教によってしか打ち破られまい。しかし、現世の利害に支えられたいと思うときには、現世の権力とほとんど同様に脆弱になる。独り立てば、不滅を願いうる。はかない権力と結べば、その権力と運命をともにし、それを支える一時の情熱とともに、しばしば滅びる。種々の政治権力と結合すると、宗教には負担の重い同盟にしかなりえまい。生命を保つために、その助けは必要でないし、それに奉仕していると滅んでしまう可能性がある。

いま指摘した危険はすべての時代にあったが、常に明白であったというわけではない。政府が不滅のように見える世紀もあれば、社会の存続が個人の運命よりはかないといわれるような時代もあった。ある政治構造は市民を昏睡《こんすい》の状態におき、他のものは熱狂的な運動に向かわせた。政府が強力で、法が安定していると、人々は、宗教が権力と結んでおかす危険を全く感じない。政府が弱体をさらして法が変わりやすいと、危険は誰の眼にも明らかであるが、そんなときには往々にして逃れる時間がない。遠くから、それを見てとる必要がある。

国民が民主（平等）的な社会状態を採用し、社会が共和制に向かう傾向を示すに従い、宗教を官憲に結びつけることは、いよいよ危険になる。そのわけは、時が移って、権力をもつものが次々と変わり、政治原理は移ろい、人も法律も、はては憲法まで日ごとに消えうせるか変えられるかし、しかも、その消失、変更が一期間だけではなく、絶え間なく起こる、という時代が近づくからである。騒動と不安定とは民主的共和政につきものであるが、それはあたかも、停滞と睡眠(の状態)とが絶対君主政の法則であるのに似ている。

アメリカの人々は四年ごとに国家の元首を代え、二年ごとに新しい立法者をえらび、一年で地方の行政官を入れかえる。また、政治の世界を革新者の試行に委ねてきた。もし、この人々が宗教を政治の世界の外に置かなかったら、それは、人間の思潮の干満の中で何に支えを見出しえようか。政争のさなかで、宗教にふさわしい尊敬はどこにあろう。周囲のものみなが滅びるときに、その不滅性はいったいどうなるのか。アメリカの聖職者は他にさきがけてこの真理を見てとり、行動をこれに従わせた。政治的な力を得たいと思うなら、宗教的な影響力は断念しなければならぬと悟って、権力と運命を共にするより、権力の支持をうけないほうがよいと考えた。

アメリカでは、宗教がおそらく、歴史上のある時代、ある国民のもとにおいてよりも無力であるが、その影響はより持続的である。自己の固有の力にのみ頼る謙虚さではあるが、この力は何ものも奪いえない。独自の圏内でしか活動しないが、その圏内を、くまなくまわり、そこで支配するには何ら努力を要しないのである。

ヨーロッパでは、現在、諸方から、信仰の喪失を悼《いた》む声があがっており、宗教に往時の権威をいくぶんかなりとも取り返すにはいかにすべきかが問われている。(それには)今日、宗教に関して人間の自然な状態はいかにあるべきか、をまず注意ぶかく検討する必要があると私には思われる。何を期待しうるか、何を恐るべきか、を知ってはじめて、努力の目標が明確になるといえよう。

二つの大きな危険が宗教の存立を脅かしている。一つは分裂、他は無関心である。（宗教的）熱誠にあふれる世紀には、人はまま宗教を捨てるが、それは、一つの軛《くびき》から脱して他の軛に服するにすぎない。信仰の対象は変わるが、信仰は死なない。そこで、旧来の宗教が、すべての人の心に熱烈な愛か強い憎しみかをかきたてる。あるものは怒ってその宗教から去り、他のものは新たな熱情をもってこれを固持する。信条は異なるが、無信仰はない。しかし、信仰が私のいう消極的な原理によってひそかに掘り崩される場合には事情が異なる。一つの宗教の虚偽を宣言して、他の宗教の真実を確立する（積極）面が、この原理にはないからである。そのとき、人間の精神には大きな変革が生じるが、人間は熱情をもってそれを助ける風もなく、また、いわば、これに何の疑いももたない。最も大切な希望の対象を、人々はあたかもそれを忘れて、とり逃がしているかに見える。感受性を欠いた時流に引かれて、それと闘う勇気もなく、また悔いつつも譲歩していく。こうして人々は、愛する信仰を捨てて疑惑に従い、絶望に導かれる。

いま描いた（状況の）世紀にあって、信仰を見捨てるのは、憎悪によるより、むしろ冷淡なためである。不信の徒は、もはや真実の宗教を信じていないにかかわらず、なお、それを役に立つものと考えている。信仰を人間の次元で考えて、それが習俗を支配し、法に影響を及ぼすことを認める。宗教が人間を平和のうちに生活させ、静かに死に備えさせうるのはなぜかを理解する。信仰を失ったあとでこれを惜しみ、価値のよくわかっている財産を失って、まだそれをもっている人々から奪い去るのを恐れているのである。

信仰をもちつづける側では、それを衆人の前に表明するのを少しも恐れない。その希望を分かちもたない人々を敵と見るより、むしろ不幸と見る。彼らの例に従わないでも、その尊敬をかちうることを知っている。彼は何人とも争わない。自分の住む社会を、宗教が幾多の怨敵《おんてき》と不断に闘う闘技場とはいささかも考えずに、同時代人の弱点を非難し誤謬を嘆くとともに、彼らを愛する。

信仰をもたぬ人々は、その不信を隠し、信仰をもつものは、信仰を公けにして、宗教に友好的な世論が形成される。宗教は愛され、支持され、尊重され、宗教のうけた傷を見出すには、魂の奥底にまで立ち入らねばならぬ。大衆は、宗教的感情から決して離れないから、既成の信仰から彼らを遠ざける障碍を何ら知らない。来世の本能が彼らを何の苦痛もなく祭壇に導き、その心を信仰の命ずるところと信仰の慰めとに開く。

この情景が、われわれ（フランス人）に何ゆえにあてはめられないのか。われわれの間には、キリスト教を信ずるのをやめて、無信仰となった人々が見られる。さらに、キリスト教をいまだに信じてはいるが、それをあえて公言しない人々にも出会う。最後に、これら微温的な友と熱狂的な敵とのただ中に、少数の信者があって、信仰のためにはすべての障碍に打ち勝ち、いかなる危険をも、ものともしない。これらの人々は一般の意見より抜きん出るために、人間の弱さに無理を強いる。この（無理な）努力に引っぱられて、自分がどこでとどまるべきかわからなくなる。自分の国で人間の最初の自主的な行動が宗教に対する攻撃であったのを見たから、同時代の人を恐れ、その追求する自由から恐れをなして逃避する。無信仰は新来のものと思われ、すべての新しいものを一括して憎悪する。彼らの属する世紀と国家とを闘争の相手とし、そこに表明される意見は信仰に対して必然に敵対するものと見る。

これが今日、宗教に関して人間に自然な状態であるべきはずもなかろう。わが国には、偶然、独自の原因があって、人間の精神の自然の流露を妨げ、そしてそれを本来の埒《らち》を越えて推し進めるのである。

この独自、偶然の原因が政治と宗教との密接な結合であると、私は確信している。ヨーロッパの信仰のない人々はキリスト教徒を宗教上の敵対者としてより、むしろ政敵として追及する。信仰を憎むのは、誤った信仰としてより、政派の意見としてである場合がはるかに多い。聖職者が排撃されるのは、神の代表というより、権力の友だからである。

ヨーロッパでは、キリスト教は数々の地上の権力と密接に結ばれることをみずからに許した。現在それらの権力が倒れ、キリスト教は廃墟の下に埋没したかのようである。なきがらに結びつけたいと思ったのはいまなお生命のあるものなのである。その絆を断てば、再び立ち上がる。ヨーロッパのキリスト教に若さのエネルギーを与えるのに何が必要であるかは知らない。神のみがこれをなしえたもうであろう。しかし、信仰に、なおその手に残っているすべての力をふるわせるか否かは、少なくとも人間にかかっている。

「アメリカの人々の文明、慣習、および実地の経験が民主的諸制度の成功にいかに貢献しているか」

何をアメリカ人民の文明というべきか――人間精神は、合衆国において、ヨーロッパにおいてより浅い教養しかうけていない――しかし、何人も無知のままですてておかれぬ――その理由――思想が西部のなかば人のいない諸州に流布する迅速さ――なぜ、アメリカの人々には実地の経験が書物からの知識よりも役に立つか

この本の多くの箇所で、アメリカの人々の文明、慣習が、その政治制度の維持に及ぼした影響を読者に示してきた。いまや、新たに述べるべきことは少ない。

アメリカには、これまで著名な作家がごく少数しか出なかった。偉大な歴史家もいなかったし、詩人もなかった。住民は、いわゆる文学を、一種の不信の眼をもって見る。ヨーロッパには、第三級の町で、毎年、連邦二十四州を合わせたよりも多い文学作品を刊行するところがある。アメリカ人の精神は普遍的な観念から遠ざかる。理論的な発見には決して向かわない。政治さえも、また産業も同じ傾向にある。合衆国では、立法は絶えず行なわれるが、法の一般原理を探究する偉大な著作家はいまだない。アメリカ（の人々）には、法律家や解説者はあるが、経世の書を著わすものはいない。政治において、世界に例を示すほうが、教えを垂れるよりむしろ多い。機械の技術についても同様である。アメリカでは、ヨーロッパの発明の応用には鋭敏で、それを完全

なものにしてのち、自国の必要に見事に適応させる。人々は器用ではあるが、工学の理論を培《つちか》おうとはしない。よい職人はいるが、発明家は少ない。フルトン[6]は、その天才を長いこと諸外国（人のところ）に売り歩いたのち、はじめて自国に捧げうるようになったのである。

イギリス系アメリカ人の文明の状態を知りたいと思う人は、この問題を二つの異なった相の下に見ることになる。有識者のみに注目すれば、その少ないのに驚かされ、文盲を数えれば、アメリカの人民は地上で最も開明されているように見える。国民全体はこの両極端の間にある。これは他のところでもすでに述べた[7]。

ニューイングランドでは、各市民が人間の知識の基本的な諸観念を授けられる。その他、宗教の教えと証しとを学ぶ。祖国の歴史と憲法の要綱も教わる。コネティカットとマサチュセッツとでは、これらを不完全にしか知らないものはごくまれである。全く知らないものがいたら、いわば珍事である。

ギリシア、ローマの共和政とアメリカの共和政とを比較すると、前者には（少数の）手書きの本の図書館と無知の人民とがあり、後者には数多くの定期刊行物があり、開明された人民が住んでいる。（とても比較にはならない。）次いで、アメリカを判断するのにギリシア、ローマの（歴史の）助けをかり、二千年前のことを研究して現代の事態の推移を予見しようと、あらゆる努力がなされているのに思い至る。そうすると、このように新しい社会状態には新しい観念だけが適用されるべきだと考えられて、（古代との比較の空しさを悟って）私は自分の蔵書を焼きたい気になる。

また、ニューイングランドに関する私の叙述を無差別に連邦全体に及ぼしてはならぬ。西方、南方に進むにつれ、人民の教育は低下する。メキシコ湾に面する諸州では、われわれのところ（フランス）と同様に、初等の知識ももたない人が相当にいる。しかし、合衆国では、全く無学の状態にある地域は探しても見あたらない。その理由は簡単である。ヨーロッパの諸国民は未開と野蛮とから出て、文明、開化を志した。その進歩は均等ではなく、あるものは駆け足で、他は、いわば並み足であり、停止しているものもあれば、また途上で眠っているものもある。

合衆国の状況は全然ちがっている。イギリス系アメリカ人の祖先は文明のすべてに浴して、この地に着いた。もはや何も学ぶものがなく、ただ忘れないようにすればよかった。そして、このアメリカ人の子孫が、年々、荒野に居を移すとともに、既得の知識と学問に対する尊敬の念とをもっていったのである。教育が文明の効用を感じさせ、この文明を子供たちに伝えるようにした。合衆国においては、社会は幼年期をもたず、成年期に生まれた。

アメリカの人々は田舎者という言葉を全く使わない。そんな観念がないからである。未開時代の無知、田園的な簡素さ、村落の質朴さは、彼らの間に全く維持されていない。また、生成途上の文明のもつよさも、悪さも、粗野な慣習も、素直な優しさも、彼らの頭にはない。

連合した諸州[8]のきわみ、社会が果て、荒野のはじまるところに大胆な冒険屋がいる。彼らは親のもとにいれば貧困な境涯に甘んじなければならないので、それを逃れるためにアメリカ大陸の孤独な環境に踏み入り、そこに新しい祖国を求めるのをものともしない。住居となるべき地点に着くや否や、開拓者は急いで幾本かの木を伐《き》り倒し、葉陰に丸木小屋を建てる。この人里から離れた住居ほど哀れに見えるものはない。旅行者が夕刻そこに近づくと、板壁を通して、炉の火の輝きが遠くから見える。夜、風が立つと、森の木々の中で木の葉ぶきの屋根がざわめくのが聞こえる。このみすぼらしい小屋には野卑と無知とがひそんでいるにちがいない、と思わないものがあろうか（誰でもそう思うであろう）。しかし、開拓者とその住みかとを連関させて（考えて）はならない。周囲はすべて野蛮、未開であるが、彼は十八世紀間の労働と経験との成果である。彼は都会の服を着、都会の言葉を話す。過去を知り、未来に好奇の念をもち、現在について議論する。彼は非常に開化された人間であり、ただしばらく身を屈して森の中に住み、また、新世界の広野に、聖書と斧と新聞とをもって、踏み入るのである。

思想が広野のさなかを流布する信じられないほどの速さを頭に浮かべるのは困難である。[6]このような大きな知的運動は、フランスで最も開け人口も最も多い地方にさえ、起こるとは信じられない。[7]

疑いもなく、合衆国においては、人民の教育が民主的共和政の維持に強く貢献している。精神を啓蒙する知育と、習俗を規制する徳育とを分離しないところでは、どこでもそうであろうと思う。しかしながら、私は、この利点を誇張しようとは少しも思わぬ。まして、ヨーロッパの多数の人々のように、読み書きを教えれば、すぐによい市民がつくれるとは信じえない。真の文明は主として経験から生まれる。アメリカの人々を自治に徐々に慣れさせせなかったならば、彼らのもつ、書物から得た知識が、今日その自治の成功に大きな助けとなることは決してなかったであろう。

合衆国において、私は民衆と（交わって）生活することが多かった。そして、彼らの経験と良識とをどんなにすばらしいと思っているかは言葉で尽しがたい。アメリカ人にヨーロッパについて語らせてはいけない。たいてい、尊大の風と多分に愚かな慢心とを示すであろう。また、一般的で不明確な観念に満足しているであろうが、それが、すべての国において、無知な人々にとって非常に大きな救いだからである。しかし、自分の国について質問されると、その知性をおおう雲が突然に消え去るのが見られるであろう。彼の言葉は、その思想と同様、明瞭、率直、正確になるであろう。彼の数々の権利と、その行使のために役立つ手段とを教えられるであろう。政治の世界にどんな慣行があるかも知っていよう。行政部の命令もわきまえており、法の構造にも通じていることも認められるであろう。合衆国の住民は、その実際的な知識と明確な観念とを書物から得たのではない。書物を通じての教育は、これらをうけ入れる準備にはなりえても、それを与えはしなかった。アメリカ人は、立法に参与するうちに法を知るようになる。政治に参与するうちに諸形式を自得する。社会の大事業が日々その眼前で、そして、いわば、その手中で達成されていく。

合衆国においては、人間の教育の全体が政治に志向される。ヨーロッパでは、その主要な目的は私生活の準備である。市民の公的な活動は非常にまれで、予見はできない。（欧米）両社会に眼を注ぐと、この相異が外見上にまであらわれる。

ヨーロッパでは、私生活の観念と習慣とが公けの生活にしばしば導入される。したがって、家庭内から国家の政治へと突然に推移する事態が起こるので、社会の大きな利害を友と語るのと同じような仕方で論議しているのが、しばしば見られる。反対に、アメリカの人々はほとんど常に、私生活に公けの生活をもちこむ。彼らのところでは、陪審の観念が学校の遊戯の中に見出され、議会の形式が宴会の次第にまで見られる。

「合衆国における民主的共和政の維持に貢献しているのは、自然（の要因）よりも法制であり、さらに法制よりも習俗であるということ」

アメリカ（大陸）のすべての人民は民主（平等）的な社会状態にある――しかし民主的諸制度はイギリス系アメリカ人の間でしか保たれない――南アメリカのスペイン人は、イギリス系アメリカ人と同様、自然の環境に恵まれているが、民主的共和政を支ええなかった――メキシコは合衆国（と同様）の憲法を採用したが、民主的共和政を実現できない――西部のイギリス系アメリカ人は民主的共和政を維持するのに東部の人より苦労する。その差の生じる理由合衆国が民主的な諸制度を維持できるのは環境と法制と習俗とによるといわなければならぬ、とすでに述べた。[8]ヨーロッパ人の大半は、この三つの要因のうち第一しか知らず、これに実際より以上の圧倒的な重要性を与えている。

たしかに、イギリス系アメリカ人は新世界に諸階層の平等をもたらした。彼らの間には平民も貴族も決して見られない。素姓《すじよう》による偏見は、職業からくる偏見と同様、ここではついになかったのである。社会状態は民主（平等）的で、デモクラシーが確立されるのに何の苦労もなかった。しかし、この事実は合衆国に独特では決してない。アメリカ人のほとんどすべての植民地は、すでに互いに平等な人々か、そこに住んで平等となった人々かによって樹立された。新世界で、ヨーロッパの人々がアリストクラシーを創立しえたところは一つもない。けれども、民主的な諸制度は合衆国でしか繁栄しなかった。

アメリカの連邦には闘うべき敵がなかった。それは、大洋の中の孤島のように、広野の中に孤立する。しかし、自然は南アメリカのスペイン人をも同様に隔離した。そして、彼らが大きな軍隊をもつのを妨げなかった。彼らは、外国人がいないときには、相互に戦った。イギリス系アメリカ人のデモクラシーだけが今日まで平和に維持されえたのである。

連邦の領土は人間の活動に無限の舞台を提供している。知恵があってはたらけば、汲めども尽きぬ資源がある。そこでは富に対する愛着が（政治的）野心にとってかわり、物的な満足が党派的熱狂を鎮める。しかし、南アメリカほど、地味の豊かな原野、大きな川、手つかずで無限の富のあるところが世界のどこにあるか。それでも、南アメリカはデモクラシーを支ええない。人民が幸福であるためには、宇宙の一隅に位置して無人の地に意のままにひろがりうるというので充分ならば、南アメリカのスペイン人は自分の運命をかこつことはない。合衆国の住民と同様の幸福は享受しなくても、少なくともヨーロッパの諸国民をうらやましがらせもしよう。しかし、地上に南アメリカの諸国民ほど悲惨なものはない。

こうして、自然的原因は南北両アメリカの人々に似かよった結果をもたらしえなかったばかりでなく、南アメリカの諸国においては、ヨーロッパの事態に劣らないほどの成果を生み出すことさえできなかった。ヨーロッパでは自然が逆の（恵まれない）方向につくられているのに（このありさま）である。自然的な諸要因は、人が想像するほどには諸国民の運命に影響しない。

ニューイングランドの人々が、楽な暮らしのできると思われる出生の地を捨て、広野に（産をなす）幸運を求めて出発しようとしているのに、私は出会った。また、その近くで、同じ広野が遠くないのに、カナダのフランス人たちが自分たちに狭すぎる土地に密集しているのを見た。合衆国の移住者が数日の労働の値で広大な土地を手に入れたのに、カナダ人はフランスに住んでいたときのような高い値を土地に支払っていた。

このように、自然は、新世界の僻遠《へきえん》の地をヨーロッパの人々の手に委ねて、彼らがどう利用してよいかわからぬときさえある（ほどの大きな）財産を提供している。他のアメリカの国民にもイギリス系アメリカ人と同様の繁栄の条件があるが、イギリス系アメリカ人のもつ法制と習俗とが欠けている。それで、他のアメリカの国民はみじめである。イギリス系アメリカ人の法制と習俗とは、その偉大さをもたらす特別の理由であり、私の求める支配的な要因をなしている。

アメリカの法制が絶対によい、と主張するつもりはない。それがすべての民主（平等）的な人民に適用できるとも信じない。その中には、合衆国においてさえ危険と思われるものがある。しかしながら、アメリカの立法全体をとれば、その支配下にある人民の精神と国土の性格とによく適応していることは否めまい。だから、アメリカの法制はよい。アメリカにおける民主政の成功はこれに帰せられるべきところが大きい。しかし、それが主要な原因であるとは思わない。法制がアメリカ人の社会的福祉に自然の環境より大きな影響をもつように見えても、他方、私には、習俗は（法制より）さらに影響が大きい、と信ずる理由がある。

連邦の法律が、たしかに、合衆国の立法の最も重要な部分を形成している。メキシコはイギリス系アメリカ人の連邦と同様に恵まれた位置にあり、（連邦法と）同じ法制を備えている。しかも、民主政にはなじめない。だから、自然と法制とによらない理由があって、合衆国に民主政が行なわれうるようにするのである。

しかし、ここに、なおいちだんと顕著な理由がある。連邦の領土に住むほとんどすべての人が、同じ血統から出ている。そして、同じ言語を話し、同じ仕方で神に祈り、同じ物質的要件に服し、同じ法に従うのである。それでは、彼らの間に見られる差違はどこから生じるのか。連邦の東部において、共和政が強固で、巧みに、そして緩やかに運営されるのはなぜか。そのすべての行動に賢明と持久という性格を与える原因は何か。反対に、西部では、（社会の）諸権能の行使が偶然に委ねられているかに見える。これは何に由来するのか。なぜ、西部に、何かしら無秩序、激情的で熱にうかされ、遠い将来は全然わからぬとでもいうような空気が、事態の動きを支配しているのか。

もはや、イギリス系アメリカ人を異国人と比較しているのではない。いまや彼らを互いに比べて、その相違の理由を求めているのである。ここでは、国土の状態や法制の違いを理由にするすべての議論はいっきょに無力になる。何か他に原因を求めなければならぬ。この原因を習俗より他に見出しえようか。

東部において、イギリス系アメリカ人は民主政に最も長い経験をもち、その維持を最も好ましいとする習性ができ、そのような思想をいだくようになったのである。そこでは、デモクラシーがしだいに慣行、意見、（行動の）形式に浸透していった。それは法の中にもあらわれるが、社会生活の細部にまで見られる。東部においては、人民の知的教育と実地教育とが最も完璧であり、宗教が自由と最もよく融合している。これらすべての習性、意見、慣行、信仰こそ、私のいう習俗でなくて何であろう（それにほかならない）。

これに反して、西部では、これらの利点の一部がいまなお欠けている。西部諸州のアメリカ人の多くは森の中に生まれ、父祖の文明に未開生活の観念と風習とを混入した。彼らの間では、感情はより激《げき》しやすく、宗教の訓戒はより力弱く、思想はより脆弱である。人々相互の間には何の規制も行なわれない。ほとんど面識がないからである。だから西部諸州の人々は、ある程度まで、生成途上の人民の無経験と常軌を逸した習性とをあらわしている。しかしながら、西部では、社会は旧い諸要素から形成されている。ただ、その組合わせが新しいのである。

合衆国のアメリカ人だけが、すべてのアメリカ大陸の住民の中でデモクラシーを保ちえたのは、とくに習俗によるのである。また、イギリス系アメリカ人のデモクラシーにも種々あって、規律と繁栄という点で多少の差が生じるが、そうさせるのも習俗である。

前にも述べたように、ヨーロッパでは、国の地理的な位置が民主的な諸制度の持続に及ぼす影響を過大評価する。また、法を過度に重んじ、習俗を軽視しすぎる。これら三つの要因が、疑もなく、アメリカのデモクラシーを規制し、指導するのに役立つ。しかし、その貢献の程度を考えるとすれば、自然的要因は法制より劣り、法制は習俗に及ばぬと私はいおう。確信をもっていうが、最も恵まれた状況、最良の法制も、習俗に反して政治の基本構造（憲法）を守ることはできない。一方、習俗は最も不利な位置や最悪の法制をも利用する。習俗の重要なことは普遍的な真理であり、研究と経験とを積めば、絶えずこの真理に帰っていく。習俗は私の思想において中心的地位を占めているように思われる。私は自分のすべての想念が、結局これに帰するのを認める。

この問題について私のいうべきことは、もう次の一言だけである。もし、アメリカの人々が法を維持していくうえに、その実地の経験、習性および意見、一語でいえば習俗がいかに重要であったかを、この著述のなかで読者に感じさせるに至らなかったら、著者は（自分の設定した）主要な目的を逸したのである。

「アメリカ以外で、法制と習俗とが民主的な諸制度を維持するのに充分であるか」

イギリス系アメリカ人がヨーロッパに移されたら、その法制を変更せざるをえまい――民主的な諸制度とアメリカ的な諸制度とを区別しなければならぬ――アメリカのデモクラシーにおいて行なわれる法制よりもよいか、少なくともそれと異なった民主的な法制を構想できる――アメリカの例は、法制と習俗とによるデモクラシーの規制に絶望してはならぬという証明にすぎない

合衆国における民主的な諸制度の成功は、国土によるよりも、法制それ自体と習俗とによるところが大であった、と述べた。しかし、そこから、同じこれらの要因が他国に移されただけで、同様な力を発揮するであろうという結果が出てくるか。また、国土が法制と習俗とに代わりえないとしても、法制と習俗とが、今度は、国土に代わりうるか。ここに、それを立証する要件が欠けているのは何人にも明らかであろう。新世界には、イギリス系アメリカ人以外の諸国民がいる。

これらの人々は、イギリス系アメリカ人と同じ物質的条件の下にあるから、比較ができる。しかし、アメリカのほかには、イギリス系アメリカ人と同じ物的利点がなくて、しかも、その法制と習俗とを採用した国民はない。このように、この点については比較の対象がない。憶測ができるだけである。

まず、合衆国の諸制度と民主的な制度一般とを入念に区別しなければならぬように思われる。ヨーロッパの状態、その多大な国民、人の群がる都市、強大な軍隊、政治の複雑さを考えると、イギリス系アメリカ人自身が、その諸観念、宗教、習俗をもって、われわれの国土に移ってきても、その法制をかなり変更しなければ生きていけないであろうと思う。しかし、アメリカの人民とは異なる仕方で組織された民主（平等）的な人民を想定することは可能である。（人民の）多数の真の意思にもとづく政府ではあるが、その多数が、当然な平等の本能にそむいて、秩序と国家の安定とのために、執行権のすべてを一家族または一個人に付与することに賛成するとしよう。このような事態を考えるのは、全く不可能か。民主（平等）的な社会で、国民の力の集中が合衆国より進み、人民の政治一般に対する支配が合衆国ほど直接でなく、それほど抗いがたい力でもないが、しかも、各市民に相当の権利があり、各自の分野で、政治の進行に参与するものとする。このような社会を想像できないだろうか。イギリス系アメリカ人のところ（アメリカ）での見聞から、このような（性質の）民主的な諸制度が慎重に社会に導入され、少しずつ習慣にまじり、しだいに世論とも融け合っていけば、アメリカ以外でも存続できるであろう、と私は信ずるようになった。

合衆国の諸法が、想像しうる唯一の民主的な法制であり、現行の法制のうち最も完全なものであるとしても、その成功からは、民主的な法制一般が自然的条件に恵まれることのさらに少ない国で成功するか否かについて、何の結論も得られないと考える。しかし、アメリカ人の法制が多くの点で欠陥をもつように見え、私に他のものが容易に構想できるとしよう。その場合、国土の特殊性を理由に、ある国民が自然の環境の恩恵にはより乏しいけれども、よりよい法制をもっているとき、それでも民主的諸制度は成功しえないといわれて、私に納得できるわけがない。

アメリカでは人間がよそでとは違う性格を示し、その社会状態から生まれた習性と意見とが、ヨーロッパでの同じ状態から生じるものと相容れないならば、アメリカのデモクラシーの事情からは、他の（国の）デモクラシーで起こるべき事態に関して、何ら教えられるところがない。またアメリカの人々が他のすべての民主（平等）的な人民と同じ性向を示すとし、その立法者が、この性向を正当な限界内にとどめるために、国土と恵まれた環境とに頼ったとする。そうであるなら、合衆国の繁栄は純粋に自然的要件に帰せられねばならず、それでは、合衆国にある自然の利点をもたないで、その例にならいたいと思う人民にとって有望な、何の証明にもなるまい。しかし、これらの想定は、いずれも事実によって証明されてはいない。

アメリカにおいても、ヨーロッパに見られるような激情に出会った。そのあるものは人間性自体に属し、また、民主（平等）的な社会状態によるものもあった。だから、合衆国では人心が不安定だと私は見たのである。すべての階層がほとんど平等であって、各人に立身の機会が均等だと見えるときには、（人心が不安定なのは）自然のことである。さらに、民主（平等）的な気風から生じる羨望《せんぼう》の念が種々に表明されるのにも出会った。公けのことを行なうに当たって、人民が尊大と無知との入りまじった態度で手がつけられない状況にも、しばしば気づいた。そしてアメリカでも、われわれのところ（フランス）と同様に、人間は完成の状態にあるのではなく、同じ困苦にさらされている、という結論が得られた。しかし、社会の状態を注意して検討するようになって、アメリカの人々は非常な努力をして、幸いにも人心の弱点を克服し、デモクラシー本来の欠陥を匡正したのだという事情が容易に明らかになった。地方自治体の種々の法が壁になって、市民の落着かない野心を狭い範囲に押しとどめ、国家の顚覆も可能な民主（平等）的な情勢を共同体の利益に転じているように思われた。アメリカの立法者は、権利の観念を羨望の念に、政治の世界の不断の運動に宗教的な訓戒の不動性を、人民の経験をその理論的無知に、人民の実務的な習性をその欲望の激昂に、それぞれ対抗させて、相当の成功を収めているようにも見えた。

アメリカの人々は、その憲法と政治に関する法規⑨とから生じる危険と闘うのに、国土の状態に頼ってはいない。すべての民主（平等）的な人民が分かちもつ害悪に対し、現在までのところ、彼らだけが考えついた匡正の策を適用している。これを試みたのは彼らが最初であるが、それに成功している。アメリカの人々の習俗と法制とだけが民主（平等）的な人民に適合するのではないが、彼らは、法制と習俗との力でデモクラシーを規制するのに絶望してはならぬということを示した。かりに他の国民が、アメリカから、この普遍的で実り多い観念だけを借りて、その特殊な適用の方法をまねたいと思わず、そのような態度で天が現代の人間に課した社会状態に適応しようとし、また、彼らを脅かす、専制か無政府状態か、という状況を免れようとしたとする。この場合、その努力は当然に失敗すると信ずる理由があろうか。キリスト教徒の間にデモクラシーを組織し確立することは現代の政治的な大問題である。アメリカの人々がこの問題を解決していないのは疑うべくもない。しかし、それを解決しようと思う人々に有益な教訓を与えている。

「前述の所論がヨーロッパとの関連でもつ重要性」

これまでの考究に手間をかけた理由は、たやすく明らかになる。私の提示した問題は、合衆国にとってのみならず、全世界にとって関心のあるものである。一国民ではなく、全人類が関心をもつ。社会の状態は、民主（平等）的な人民が広野に住むときにしか自由でありえないとすれば、人類の将来の運命に絶望しなければなるまい。人々は急速にデモクラシーに向かって進んでおり、広野には人が満ちていくからである。法制と習俗とでは民主的な諸制度を維持するのに充分でない、ということが真実だとすれば、一人による専制以外に、諸国民にいかなる頼みの綱があろうか。今日、多数の善意の人々がその（専制の）到来を危惧せず、自由であることに疲れて、この嵐から遠ざかって休息したいと思っているのは知っている。しかし、この人々には自分の向かっている港についての知識が乏しい。過去の思い出に気をとられて、絶対の権力をその過去によって判断し、それが今日とりうる様相を見ない。

絶対の権力がヨーロッパの民主（平等）的な人民のもとで新しく樹立されるようなことになれば、必ずや新しい形態をとり、われわれの父祖の知らなかった性格のもとに姿をあらわす。ヨーロッパのある時代には、法によって、また人民の同意によっても、王にほとんど無制限の権力が付与された。しかし王がそれを使う事態はほとんどなかった。貴族の特権、最高法廷の権威、同業組合の権利、地方団体の特典など、権力の衝撃を緩和して国民の中に抵抗の精神を保ったものについては何もいうまい。これらの政治制度は、しばしば個人の自由には反したが、人々に自由への愛をいだかせる役を果たし、この関連で役に立ったことが明らかである。しかし、それとは別に、思潮と習俗とが王権に対して障壁をめぐらしていた。この障壁は、意識されることは少なかったが、力が弱かったわけではない。宗教、臣民の敬愛、君主の仁慈、栄誉、家の誇り、地方的偏見、風習、世論が、王の権力を制限し、その権威を目に見えぬ環の中に閉じこめていた。この時代には、諸国民の政治構造は専制的で、彼らの習俗は自由であった。君主は全能の権利をもっていたが、それを行使する力も欲もなかった。

かつての圧制防止の障壁は、今日どんな状態にあるか。宗教は人の魂を支配する力を失ってしまい、善悪を区別していた最も明白な境界標が打ち倒された。道徳の世界では、すべてが疑わしく不確実に見え、王も人民もあてどなくさまよい、専制におのずとある限度、放恣《ほうし》の限界がどこにあるかを誰もいえないようである。長期にわたる変革が、国家の元首を取り巻いていた尊敬を破壊してしまった。公衆の敬意をうけるという重荷から解放されて、君主はそれ以後、恐れるところなく権力への陶酔に身を委ねた。

王は、人民の心が自分のほうにひかれてくるのを見ると、寛大になる。自分が強いと感じるからである。また、臣民の（もつ）愛情を養い育てる。それこそ王座の支柱だからである。こうして、君主と人民との間に感情の交流が生じる。その柔和なさまは、家庭の内部（の睦《むつ》まじさ）が社会に及んだような思いをさせる。臣民は主権者に対し（不平を）声をひそめてつぶやき、彼を不快にするのを遺憾に思う。主権者のほうは臣民を軽く叩《たた》いてたしなめ、あたかも父がその子にするかのようである。

しかし、ひとたび王室の権威が革命の騒がしさの中に消え去り、また、王が相次いで王座について、人民の前に（支配の）権利の薄弱さと（支配の）事実の苛酷さとを次々と暴露すると、もはや誰も主権者を国の父とは見ず、（人民は）おのおのこれを（力による）支配者と認める。彼が無力ならば軽んじられ、強力なら憎まれる。主権者自身、怒りと恐れとでいっぱいになる。自分を自国の中の異邦人と見、臣民を被征服者として遇する。

地方と都会とが、同じ国の中にありながら、それぞれに異なった国民を形づくって（対立して）いた事態では、おのおのが独立の精神をもち、それが隷従の精神一般に対抗していた。しかし、今日では一国のすべての部分が、その自主権、慣行、先入見、そして思い出と名前とまでを失ってしまい、同一の法に従うのになれている。こうなると、それを一括して圧迫するのも個別に制圧するのも同じで、困難はない。

貴族に権力があった間はもとより、その権力が失われたあとも長く、貴族の名誉にもとづく個人の抵抗には特別の力があった。その時代には、無力であるにもかかわらず、なお、個人の価値を尊重し公権力の企図にあえて独り抵抗する人々が見られた。しかし、今日、すべての階層が融合してしまい、また、個人はますます群衆の中に埋没して、容易に自己を失い、おしなべて無名の人になる。今日、君主の栄誉は影響力をほとんど失って、しかもそれに代わる徳がないので、人間に自己を超越させるものはない。この時に当たって、権力の要求には際限がなく、(人民の)無気力もとどまるところを知るまい。

家族の精神がつづくかぎり、圧制に対して闘っていた人々は決して孤立していなかった。彼の周囲には、庇護《ひご》を求めるもの、代々の友人、近親がいた。この支えを欠いても、祖先に支えられ、子孫に激励されていると思っていた。しかし、家産が分割され、数年のうちに氏族の混合が行なわれると、家族の精神はいずこにあろう(風習も無力化している)。国民は面貌を一新し、さらにそれを絶えず変える。そして、すべての圧制の行為にすでに先例があり、どんな犯罪にも手本がある。そこには旧くてこわすのが恐ろしいようなものは何も見当たらず、新奇であえて行ないえないほどのことも考えられない。そんなところで風習に何の力があるか。すでに幾度も屈従を経験した習俗に、どのような抵抗ができるか（できまい）。（世論もまた無力である。）共通の絆で結ばれるものが二十人もなく、ある意見を代表し発動させる個人も、家族、団体、階級、自由な結社も見当たらないとき、世論といっても、それで何ができるか。各市民は一様に無力、貧困、孤独であり、この個人の弱さしか政府の組織された力に対抗させえないという事態では何ができよう（まさに無力だ）。

われわれのところ（フランス）で、そのときに起こりうる事態に類似したものを考えてみるのに、われわれの年代史に頼るべきではない。おそらく、古代の遺蹟をたずね、ローマの専制の恐るべき世紀を参考としなければならないであろう。その時代には、習俗は退廃し、過去の思い出は消え、習慣は破壊され、意見は動揺して、法の中から追われた自由は、もはやどこに避難の場所を見出しうるかわからなかった。市民にはもはや何の保障も与えられず、また市民も自分の力で身を守りえないので、人々は人間性をなぶりものにし、君主は、臣民ががまんならなくなる前に、天のご慈悲の限りが来（て滅び）るような、ひどいありさまであった。アンリ四世やルイ十四世の（輝かしい）君主制の再現を考える人々は、事態に全く盲目なのだと思われる。私としては、ヨーロッパの諸国民の状態を考察し、そのいくつかがすでに到達している状況、他のすべてが示す傾向を見ると、まもなくヨーロッパにも、民主的な自由の体制か、ローマ皇帝の圧制かしかあるまいと信じたくなる。

このようなことは考察に値しないか。人々が実際、すべての人を自由にするか、奴隷にするか、すべての人を権利において平等にするか、すべてから権利を剝奪《はくだつ》するかの分かれ目に達するとしよう。またかりに、（社会の）支配者が、民衆をしだいに自己の位置まで引き上げるか、すべての市民を人間の水準以下に落とすかのうち一つをえらぶ立場に追いこまれたとしよう。そんな場合、多くの疑念を克服し、多くの良心を鎮め、進んで大きな犠牲を払わせるのに、これで充分ではないであろうか。

そこで、民主的な制度と（それにふさわしい）習俗とを徐々に発展させることを、自由でありうる最善の方法としてではなく、唯一の方法として考察する必要はなかろうか。民主政を好まないとしても、現代社会の害悪に対して最も適用が可能で率直な匡正策として、これを採用する気にはならないであろうか。

人民を政治に参与させるのはむずかしい。人民にその経験を与えて、よい政治を行なうのに必要な感覚を補充するのは、さらに難事である。民主政における人民の意思は変わりやすく、その執行者は開明されておらず、その法制は不完全である。これは私も認める。しかし、まもなく、人民の支配と個人の圧制との中間がありえなくなるのが真実ならば、後者に唯々《いい》として従うより、むしろ前者に傾くべきではなかろうか。そして、終局的には完全な平等に至らなければならないとしたら、自由によって平等となるほうが独裁者によるより望ましくはなかろうか。

この書物を読んだのち、私がこれを書いて、イギリス系アメリカ人の法制と習俗とを民主（平等）的な社会状態にあるすべての人民にまねるように提議したかったのだと判断する人たちがあったら、その人々は大きな誤りをおかすことになろう。それは思想の実質を捨てて、形式に執着するものである。私の目的は、アメリカの例によって、法制、そして、とりわけ習俗が民主(平等)的な人民を自由のうちに存続させたという事態を示すにあった。なお、アメリカのデモクラシーの手本に従って、その目的の達成に奉仕した手段を模倣すべきである、と信じてはいない。国土の状態が及ぼす影響と憲法に先行する諸事実とを私は少しも閑却しないし、また、自由はどこにおいても同じ表現をとるとするなら、それは人類の大きな不幸と見るからである。

しかし、われわれの間(フランス)において、民主的な諸制度が徐々に導入され、ついにはそれが築きあげられるという途をとらず、また、すべての市民に、まず自由の到来に備えさせてから その行使を許す、という観念と感覚とを与えるのが拒まれるならば、平民にも貴族にも、貧者にも富者にも、誰にも独立はなく、すべての人のうえに平等に圧制が訪れるであろう。もしわれわれの間に最大多数の平和な支配体制を時をたがえず建設することに失敗すれば、早晩、個人の無制約な権力が樹立されることになるであろう。

〔1〕 アメリカには大きな首都はないが、大都会がある。フィラデルフィアは一八三〇年、人口一六一、〇〇〇人であったし、ニューヨークは、人口二〇二、〇〇〇人であった。これら大都会の下層民はヨーロッパの下層民そのものより危険である。これを構成するのはまず解放された黒人であり、法と世論とによって、祖先から伝わる堕落、困窮の境涯にあるべきものとされている。また、不幸と不行

跡とに追われて、新世界の岸辺に日々たどり着く多くのヨーロッパの人々も、その中に見られる。この人々は合衆国にわれわれの最悪の道徳的欠陥を数々もちこみ、その影響に対抗して闘いうるような利点を全くもたない。この国に住みながら市民ではないので、国を動かす激情を利しようと構えている。それで、少し前にフィラデルフィアとニューヨークとに深刻な騒擾が起こった。このような混乱は国内ではほかに見られず、それによって地方が不安になることもない。いままでのところ、都市の住民は田園の人々に何らの勢力も影響ももたなかったからである。

しかしながら、アメリカのいくつかの都市の大きさ、とりわけ、その住民の性質が、新世界の民主的共和政の将来を脅威する真の危険であると私は考える。また、国民多数の意思に服しながら、都市の民衆からは独立で、その行きすぎを抑えうる軍事力を政府が創出するようにならなければ、アメリカの民主的共和政はこの脅威によって滅びる、と予言してはばからない。

〔2〕ニューイングランドでは、土地所有は非常に細分されたが、それ以上の分割は行なわれていない。

〔3〕以下（の英文）は、この事実を伝える一八三一年八月二十三日の『ニューヨーク・スペクテーター』の記事である。「チェスター・カウンティ〔ニューヨーク州〕の民事法廷は、数日前、神の存在を信じないと宣言した一証人を拒否した。首席判事は、神の存在を信じない人が生きているとは知らなかった、といい、また、この信仰は法廷における証言の真実性の保障であり、キリスト教国において、証人が信仰なくして証言を許された名分を知らない、と述べた」

〔4〕彼らの多くが学校で占める機能を、こう呼ばないとして。教育の大部分は聖職者に委ねられている。

〔5〕『ニューヨーク州憲法』（一八二一年）第七条第四節参照。
『ノース・カロライナ州憲法』（一七七六年）第三二条参照。

『ヴァジニア州憲法』参照。

『サウス・カロライナ州憲法』（一七九〇年）第一条第二三節参照。

『ケンタッキー州憲法』（一七九九年）第二条第二六節参照。

『テネシー州憲法』（一七九六年）第八条第一節参照。

『ルイジアナ州憲法』第二条第二二節参照。

『ニューヨーク州憲法』の当該条文の翻訳は左のとおり。

「福音の牧者は、その職務上、神への奉仕と魂の救済とに身を献げており、その大きな職責の遂行を妨げられてはならないから、福音の牧者、またいかなる宗派にせよ、その聖職者は、何人も、文武を問わず、いかなる公共の職能も与えられてはならない」

〔6〕私は合衆国の辺境の一部を郵便馬車と呼ばれる無蓋の荷馬車で走りまわった。われわれは日夜、緑の大森林の中の切り拓かれたばかりの途を早い速度で進んだ。夜の闇が深くなったとき、馭者が落葉松の枝に火をつけ、その明かりで旅をつづけた。ときたま、森の中で茅ぶきの小屋に行きあたったが、それは郵便局であった。配達人がこのさびしい家の入口に大きな手紙の束を投げ出し、馬車は再び駆け足で進んだ。近隣の各住民にこの宝の分け前（各自の郵便物）を取りにくる労を任せて。

〔7〕一八三二年に、郵便収入はミシガン州民一人当たり一フラン五サンチームであった〔『ナショナル・カレンダー』一八三三年、二四四ページ参照〕。同年、ノール県（フランス）の各住民は、同じ目的のため、国家に一フラン四サンチームを支払った〔『財政一般収支書』一八三三年、六二三ページ参照〕。さて、この時期に、ミシガン州の人口密度は一平方マイル七人にすぎず、フロリダ州は五人であった。この二州では、連邦諸州の大半においてよ

り教育は普及しておらず、（経済）活動にも見るべきものがなかった。一方、ノール県は人口密度が一平方マイル三、四百人で、フランスで最も教育の程度が高く、最も産業のさかんな地方の一つである。

〔8〕ここで読者に、私のいう習俗の一般的意味を思い起こしてもらおう。それは、人間が社会状態にもたらす知的、道徳的な性向の総体をいう。

(1) 第一部第二章「起点と、イギリス系アメリカ人の将来に対するその重要性とについて」にある。
(2) トクヴィルは原文をやや自由に訳している。
(3) ボストンのこと。
(4) 十八〜十九世紀のフランスの医者、哲学者。
(5) 人間の生涯。
(6) 蒸気船の発明者。
(7) 第一部第三章「イギリス系アメリカ人の社会状態」にある。
(8) 合衆国発足の連合の時代をとくに意識しているようではない。
(9) 選挙法など。

結び[1]

いまや終わりに近づいた。これまで、合衆国の命運について語るに当たって、努めて論題を種々の部門[2]に分け、それぞれをいっそう周到に研究するようにしてきた。今度は、ただ一つの観点からすべてを総合したい。以下の所論は細部にはわたりえないが、確度の高いものとなろう。それぞれの対象をきわ立たせる点では弱いかもしれぬが、いっそうの確信をもって一般化が行なわれるであろう。あたかも、旅行者が大都市の城壁から出て、近くの丘に登ったのに似ている。遠ざかるに従って、いま別れてきた人々は見えなくなり、その住居も判別できなくなる。もはや市の広場も見えず、町並みだけが辛うじて見分けられる。しかし、市の概観は得やすくなり、はじめて、その形をつかむ。これと同様、新世界におけるイギリス人の全将来が、いまや私の前に見出されるように思われる。この大きな絵は細部が明瞭でないが、観察は全体をおおい、私は全体について一つの明確な観念をもっている。

今日アメリカ合衆国が領有している地域は、地球上で人間が住む部分の二十分の一に当たる。この地域が広大であるとはいえ、イギリス系アメリカ人がいつまでもその中にとどまっていると考えてはならぬ。すでにそれをはるかに越えてひろがっている。われわれ（フランス人）もアメリカの広野に偉大なフランス人の国家（植民地）を創り、イギリス人と新世界の運命を分かちもった時期がある。フランスは、かつて北アメリカにヨーロッパ全体とほとんど等しい広大な領土をもっていた。そのとき、この大陸の三大河川の流域が、すべてフランスの法の支配下にあった。セント・ローレンス川の河口からミスシッピー河口デルタにわたって住んでいたインディアンの諸部族は、フランス語しか聞かなかった。この広大な地域に散在したヨーロッパ（の国）の植民地は母国を追憶させた。ルイブール、モンモランシー、デュケーヌ、サン＝ルイ、ヴァンサンヌ、ヌーヴェル＝オルレアン、すべてフランスにとって親しい、聞きなれた名称であった。

数え上げられないほど種々の事情[1]が競合して、このすばらしい遺産が奪われた。フランス人が少なく、植民地経営のまずかったところからはみな、フランス人が消え去った。残りは狭い地域に集合し、他の法の支配下に移った。低部カナダの四十万のフランス人は、今日、新しい国民の波の間に呑まれてしまい、先住の民の残骸のようになっている。彼らのまわりには異国人が絶えず増し、すべての方向にひろがっていく。昔その地の主人であった階層にまで浸透し、その町を支配し、その言葉をも汚してしまう。この人々は合衆国の住民と同一である。まさしく、イギリス人は連邦の域内にとどまらず、それを越えてはるかに北東[3]に進む、といってよい。

北西には、何の重要性もないロシアの植民地がいくつかあるにすぎないが、南西にはメキシコがあって、イギリス系アメリカ人の進出に対して障壁となっている。こうして、真実のところ、今日の新世界には、これを相分かって対立する二民族、スペイン人とイギリス人とがあるのみである。この二民族を分かつ境界は条約によって定められている。しかし、この条約がイギリス系アメリカ人にいかに有利であろうと、やがて必ずや、彼らはそれをおかすことになるであろう。合衆国の辺境のかなた、メキシコの側に、いまだ無人の広大な地方がある。合衆国の人々は、このさびしい場所に、そこを占める権利をもつ人々より前に侵入していくであろう。そして土地をわがものとし、社会をつくり、正統の所有者があらわれたときには、荒野は沃土と化し、異国人が静穏に所有者の継ぐべき土地に定着しているのを見るであろう。

　新世界の土地は、最初に占有したものの手に帰し、その支配は、競争に勝ったものに対する賞品である。すでに人のはいった土地さえ、侵犯から守るのに苦労しなければなるまい。何がテキサス地方で起こっているかを前に述べた。[4] 毎日、合衆国の住民が少しずつテキサスに進入し、土地を得、すべて国法に従って、その言葉と習俗とを行きわたらせている。テキサス地方は、いまだメキシコの支配下にあるが、やがてメキシコ人は一人もいないといってもよい状態になるであろう。類似のことは各所に起こっており、イギリス系アメリカ人が他の人種と接触するところではどこでもすべてそうなる。

　イギリス人が新世界の他のすべてのヨーロッパ人に対し、きわめて優越的な地位を獲得したという事実を認めないわけにはいかない。文明においても、産業においても、勢力においても、非常にまさっている。その前に広野か人跡のまれな土地があれば、途上に大勢の人間が道をふさいでいて通れないのでないかぎり、イギリス人は絶えずひろがっていくであろう。条約で引かれた線でとまらずに、架空の関を越えて諸方にあふれ出るであろう。

新世界におけるイギリス人の発展を驚くべく容易にするのは、その占める地理的位置である。北の国境を越えてさらに北に向かうと、北極の氷原に出会い、南の国境から数度下れば、赤道の暑熱（地帯）にはいる。アメリカのイギリス人は、大陸で最も気候のよい、住むのに最適の地帯に位置している。

合衆国の人口が増加し大きな運動を始めたのは、独立以後にすぎないと考える人があるが、これは誤りである。植民地体制の下でも、現在と同様に、人口は急激に増加し、ほぼ二十二年ごとに倍加していったほどである。しかし、当時は千人台の住民が問題であったが、いまでは百万人台が問題になる。この事実は一世紀前には注目されもしなかったが、今日すべての人の注意をひいている。

カナダのイギリス人は王に服従するが、これもその数を増し、合衆国の共和政の下に生きるイギリス人にほとんど劣らず、急速にひろがっている。独立戦争の八年間も人口は前掲の比率で増加していった。当時、西部の辺境に先住民の大部族があってイギリス人と連携していたけれども、西方への移住の運動は、かつて緩慢になったことはなかったといえよう。大西洋岸を敵が荒らしていた間に、ケンタッキー、ペンシルヴェニアの西部、ヴァーモント州およびメイン州には住民が満ちた。戦争につづいた混乱も、人口の増加を少しも妨げなかったし、荒野の中の漸進を止めなかった。かくして、法制の相違、平時と戦時、秩序と無秩序とにほとんどかかわりなく、イギリス系アメリカ人の累次の発展が行なわれた。これは容易に理解できる。これほど大きな領域のすべての地点に、同時に影響を感じさせるほどの一般的な理由というものはありえないのである。こうして、常に国の大きな部分が他の部分を襲う災厄から安んじて避難できる場所となり、損害がいかに大きくても、提供される補償のほうがさらに大きい。だから、新世界のイギリス人の飛躍を止めることが可能だと信じてはならぬ。この大陸に戦争を招いて、連邦が解体する場合、専制が導入されて、共和政が廃止される場合には、その発展をおくらせえようが、その天命がついには達成されることを妨げるのは不可能である。地上の権力で、移住者を肥沃な広野から締め出しうるものはない。広野はどこでも働き手を待っており、あらゆる困苦から逃れる場所を提供している。将来どのような事態が起ころうと、この気候、内陸湖、大河、沃土がアメリカの人々から奪われることはないであろう。悪法、革命、無政府状態によっても、彼らの間からしあわせの味、そして、この民族の特性と思われる敢為の精神を破壊することも、彼らを照らす文明の光を全く消し去ることもできないであろう。

こうして、不確定な将来のうちに、少なくとも確かなことが一つある。ここでは国民（という有機体）の生命を問題にしているから（時間の単位が長い。その単位で考えれば）わりあい近い時期に、イギリス系アメリカ人は、彼らだけで北極の氷原と熱帯との間の広大な空間をおおうであろう。大西洋の砂浜から南の海辺[5]までひろがるであろう。イギリス系アメリカ人の人種がひろがっていく地域は、ヨーロッパの四分の三に等しくなると思う。[2] 連邦の気候は、全体として、ヨーロッパよりよく、天然の利に多く恵まれている点では同等である。人口の比率も、その時には、われわれと明らかに均衡するにちがいない。ヨーロッパは数多くの国民に分かれ、絶えず起こり来たる戦争と中世の暗黒とを経て、今日一平方マイル四一〇人の密度[3]をもつに至っている。合衆国がこの密度に達するのを妨げうるいかなる強力な要因があろうか。

　幾世紀もたてば、アメリカのイギリス人の子孫が種々に分かれて、共通の相貌を示さなくなるであろう。しかし、新世界に諸階層の恒久的な不平等が樹立される時期を予見することはできない。平和か戦争か、自由か圧制か、繁栄か貧困かによって、イギリス系アメリカ人という大家族の種々の末裔《まつえい》の運命にいかなる相違が生じようと、少なくとも、現在に似た社会状態が維持され、そこから流れ出る慣行と理念とを共有するであろう。

　宗教という絆だけで、中世においてヨーロッパにいた諸種族を同一の文明に結び合わせるに足りた。新世界のイギリス人はその他に数多くの紐帯をもっており、すべての人が人間の平等を求める世紀に生きている。中世は分裂の時代であった。各国民、各地方、各都市、各家族は強く個別化する傾向にあった。今日、反対の動きが感じられ、諸国民は統一に向かって進むように見える。知的な紐帯は最も遠隔の地方をも結ぶ。人々は、一日たりとも、お互いが見ず知らずではありえないし、世界のどんな片隅に起こる事件をも知らずにはいられない。また、今日、ヨーロッパの人々と新世界にいる彼らの子孫との間には、たとえ大洋によって隔てられていようとも、川でしか隔てられていなかった十八世紀の都市の間（の相違）よりも差が見られない。この同化の運動が国を異にする人々を近づけるとすれば、まして同じ国民の末裔がお互いに見ず知らずになることがあろうか。

ゆえに、北アメリカの人口が一億五千万人[4]を数える日が来、そのすべてが相互に平等で、同一の家族に属するごとく、起点を同じくし、同一の文明、言語、宗教、慣習、習俗をもっているという状態が現出するであろう。また、そのとき思想は同一の形式で流布し、同一の色彩にいろどられるであろう。他のことはすべて疑わしいとしても、これだけは確実である。そして、これこそ世界の全く新しい事実である。想像をいかにはたらかせても、その意義を把握することはできないであろう。

今日、地（球）上に二大国民があり、出発点を異にしながら、同一の目的に向かって進んでいる。それはロシア人とイギリス系アメリカ人とである。二国民とも知らぬ間に大きくなった。人々の眼がよそにひかれている間に、突如として諸国民の頂きに位し、世界がその生誕と強大さとを知ったのは、ほとんど同時であった。

他のすべての国民は、自然の定めた限界にほとんど到達し、もはや現状を維持するほかないと見えるが、この両者は成長の途上にある。[5]他のすべては成長がとまるか、力をふりしぼってしか前進できないのに、彼らだけがやすやすと、しかも急速に、その途を進む。この途の限界は誰の眼にもいまだわからないであろう。

アメリカ人は自然の課した障碍と闘い、ロシア人は人間と争っている。一つは広野と未開と闘い、他はすべての武器を身につけた文明と闘う。また、アメリカ人の征服は働くものの鍬《くわ》によって行なわれるが、ロシア人は兵士の剣で征服する。その目的を達するのに、前者は個人利益にもとづき、個人の力と理性とを自由に活動させ、これを統制はしない。後者はすべての権力を、いわば一人に集中する。一つは自由を行為の主要な手段とし、他は隷従をとる。その起点は異なり、とる途は違うが、それでも、おのおの、秘められた天意により、いつの日かその手に世界の半分の運命を握るべく召されているかに見える。

〔1〕その第一が、自由な人民で自治体行政の経験がある人々は、他よりはるかに容易に、植民地を創って繁昌するに至るということである。自分自身で考えて自治を行なう習慣は、新しい国では不可欠である。そこでは成功は必然的に、大半は植民者の個人的努力による。

〔2〕合衆国だけですでにヨーロッパの半分に等しい広さがある。ヨーロッパの面積は五〇万平方マイル、その人口は二億五百万人である。マルト＝ブランの著書（『世界地理』全八巻、パリ、一八一〇年〜一八二九年）第六巻第一一四篇、四ページを参照。

〔3〕マルト＝ブラン、前掲書第六巻第一一六篇、九二ページを参照。

〔4〕この数は、ヨーロッパと同様、一平方マイル平均四一〇人の人口密度となる。

〔5〕ロシアでは人口が、旧世界のすべての国民のうちで、相対的に最も速やかに増加している。

①第一〇章にすぐつづく。

②各人種、地域、通商など、第一〇章の内容をなす。

③　新しい英訳には北西とある。
④　第一〇章の注にある。
⑤　太平洋の古い呼び方。

略年譜

一七七五年
四月、アメリカ植民地民兵部隊とイギリス軍が戦闘（レキシントン・コンコードの戦い。以後アメリカ独立戦争勃発、八三年九月まで）。

一七七六年
七月、アメリカ独立宣言が大陸会議で採択される。

一七八三年
英米でパリ条約締結、イギリスがアメリカの独立を承認。

一八〇五年
トクヴィル Alexis Charles Henri Maurice Clérel de Tocqueille、パリに生まれる。生家はフランス貴族の名門。幼時は家庭教師に教育され、十五歳のときメッツのコレージュ（高等中学校）に入学。

一八二三年 十八歳

パリで法律の勉強。

一八二七年　二十二歳

学業を終えイタリア及びシシリア島に旅行。同年、ヴェルサイユの第一審裁判所陪席判事に任命され、在職中七月革命を経験する。

一八三一年　二十六歳

四月、親友のギュスターヴ・ド・ボーモン Gustave de Beaumont とアメリカの行政制度視察に出発。滞在は約九ヶ月に及び、各地を旅行し翌年三月帰着。まもなくボーモンの解任を怒って官を辞す。

一八三三年　二十八歳

訪米の視察報告「合衆国における行刑制度について」Du systéme pénitentiaire aux États-Unis をボーモンと共同執筆し、刊行。また同年初めてイギリスを旅行する。

一八三五年　三十歳

『アメリカにおけるデモクラシーについて』De la démocratie en Amérique を出版。同年再度訪英、アイルランドにまで行く。

一八三六年　三十一歳

十月、イギリス生まれのメアリ（フランスではマリ）・モットレーと結婚。

一八三九年
ヴァローニュ（ノルマンディ）から選出されて代議院（下院）議員となる（以後二月革命まで）。
三十四歳

一八四〇年
『アメリカにおけるデモクラシーについて』の続編を刊行。
三十五歳

一八四一年
アカデミー・フランセーズの会員に選ばれる。同年、政府から派遣されてアルジェリアに旅行。
三十六歳

一八四二年
マンシュ県会議員となり、四八年まで在職。
三十七歳

一八四八年
二月革命後、憲法議会議員、ついで新憲法下に国民議会議員となる。
四十三歳

一八四九年
六月、外務大臣に就任し、同年十月末まで在職。
四十四歳

一八五〇年
四十五歳

翌五一年にかけて『回顧録』Souvenirs を執筆。

一八五一年 四十六歳

十二月、大統領ルイ・ナポレオンのクーデターに反対して逮捕される。一日で釈放されたが、その後は政界を退いて著述に専念する。

一八五六年 五十一歳

『アンシャン・レジームと革命』L'Ancien Regime et la Révolution を出版。

一八五七年 五十二歳

みたび訪英、歓迎を受ける。

一八五九年

カンヌにて病没（五十三歳）。

一八六〇年

リンカーン、第十六代アメリカ大統領に当選。

一八六一年

南北戦争はじまる（六五年まで）。

中公
クラシックス
W82

アメリカにおける
デモクラシーについて
トクヴィル

2015年10月25日初版
2024年7月25日4版

訳　者　　岩永健吉郎

発行者　　安部順一

印刷　TOPPANクロレ
製本　TOPPANクロレ

発行所　中央公論新社
〒100-8152
東京都千代田区大手町1-7-1
電話　販売　03-5299-1730
　　　編集　03-5299-1740
URL https://www.chuko.co.jp/

訳者紹介

岩永健吉郎（いわなが・けんきちろう）
政治学者。東京大学名誉教授。1918（大正7）年福岡県生まれ。東京大学法学部政治学科卒。東大教養学部助教授、教授を経て退官、千葉大学教授を務めた。専攻・アメリカ政治、比較政治学。著書に『西欧の政治社会』『戦後日本の政党と外交』、訳書にトクヴィル『アメリカにおけるデモクラシー』（松本礼二共訳）など。1998（平成10）年死去。

Published by CHUOKORON-SHINSHA, INC.
Printed in Japan　ISBN978-4-12-160161-2　C1210

■「終焉」からの始まり
——『中公クラシックス』刊行にあたって

二十一世紀は、いくつかのめざましい「終焉」とともに始まった。工業化が国家の最大の標語であった時代が終わり、イデオロギーの対立が人びとの考えかたを枠づけていた世紀が去った。歴史の「進歩」を謳歌し、「近代」を人類史のなかで特権的な地位に置いてきた思想風潮が、過去のものとなった。

人びとの思考は百年の呪縛から解放されたが、そのあとに得たものは必ずしも自由ではなかった。固定観念の崩壊のあとには価値観の動揺が広がり、ものごとの意味を考えようとする気力に衰えがめだつ。おりから社会は爆発的な情報の氾濫に洗われ、人びとは視野を拡散させ、その日暮らしの狂騒に追われている。株価から醜聞の報道まで、刺戟的だが移ろいやすい「情報」に埋没している。応接に疲れた現代人はそれらを脈絡づけ、体系化をめざす「知識」の作業を怠りがちになろうとしている。

だが皮肉なことに、ものごとの意味づけと新しい価値観の構築が、今ほど強く人類に迫られている時代も稀だといえる。自由と平等の関係、愛と家族の姿、教育や職業の理想、科学技術のひき起こす倫理の問題など、文明の森羅万象が歴史的な考えなおしを要求している。今をどう生きるかを知るために、あらためて問題を脈絡づけ、思考の透視図を手づくりにすることが焦眉の急なのである。

ふり返ればすべての古典は混迷の時代に、それぞれの時代の価値観の考えなおしとして創造された。それは現代人に思索の模範を授けるだけでなく、かつて同様の混迷に苦しみ、それに耐えた強靭な心の先例として勇気を与えるだろう。そして幸い進歩思想の傲慢さを捨てた現代人は、すべての古典に寛く開かれた感受性を用意しているはずなのである。

（二〇〇一年四月）

中公クラシックス既刊より

大衆の反逆
オルテガ
寺田和夫訳
解説・佐々木孝

近代化の行きつく先に、必ずや「大衆人」の社会が到来することを予言したスペインの哲学者の代表作。「大衆人」の恐るべき無道徳性を鋭く分析し、人間の生の全体的立て直しを説く。

意志と表象としての世界ⅠⅡⅢ
ショーペンハウアー
西尾幹二訳
解説・鎌田康男

ショーペンハウアーの魅力は、ドイツ神秘主義と18世紀啓蒙思想という相反する二要素を一身に合流させていたその矛盾と二重性にある。いまその哲学を再評価する時節を迎えつつある。

エティカ
スピノザ
工藤喜作／斎藤博訳
解説・工藤喜作

ユークリッド幾何学の形式に従い、神と人間精神の本性を定理と公理から〈神即自然〉を演繹的に論証する。フィヒテからヘーゲルに至るドイツ観念論哲学に決定的な影響を与えた。

悲しき熱帯ⅠⅡ
レヴィ＝ストロース
川田順造訳・解説

文化人類学者による「未開社会」の報告はおびただしい数にのぼるが、この本は凡百の類書をはるかに超える、ある普遍的な価値にまで達した一個の作品としての通用力をもっている。

中公クラシックス既刊より

語録　要録

エピクテトス
鹿野治助訳
解説・國方栄二

古代ローマの哲人エピクテトスは奴隷出身でストア派に学び、ストイックな思索に耽るがその思想行動の核は常に神の存在だった。平易な言葉で人生の深淵を語る説得力を持つ。

西洋の没落ⅠⅡ

シュペングラー
村松正俊訳
解説・板橋拓己

百年前に予見されたヨーロッパの凋落。世界史を形態学的に分析し諸文化を比較考察、第一次世界大戦中に西欧文化の没落を予言した不朽の大著の縮約版。

リヴァイアサンⅠⅡ

ホッブズ
永井道雄／上田邦義訳
解説・川出良枝

自然状態では万人が万人と闘って死滅するのを恐れた人間が契約によって創りだした国家を巨大な怪物リヴァイアサンにたとえ、その根拠を探求した政治学の古典中の古典。

戦争と文明

トインビー
山本新／山口光朔訳
解説・三枝守隆

なぜ戦争は「制度」として容認されているか？軍拡の自殺性を説き、主著『歴史の研究』をもとに再構成した新しい平和への探求。戦争をめぐる比較文明学。